China's Tourism Innovation and Change: Challenges, Opportunities and Prospects

# 中国旅游创变录

## 挑战、机遇与展望

任国才　著

ZHEJIANG UNIVERSITY PRESS
浙江大学出版社
·杭州·

图书在版编目(CIP)数据

中国旅游创变录:挑战、机遇与展望 / 任国才著
. —杭州:浙江大学出版社,2022.10
　ISBN 978-7-308-23123-7

　Ⅰ.①中… Ⅱ.①任… Ⅲ.①旅游业发展—研究—中
国 Ⅳ.①F592.3

中国版本图书馆 CIP 数据核字(2022)第 185765 号

中国旅游创变录:挑战、机遇与展望

任国才　著

| | | |
|---|---|---|
| 责任编辑 | 陈佩钰(yukin_chen@zju. edu. cn) | |
| 责任校对 | 许艺涛 | |
| 封面设计 | 雷建军 | |
| 出版发行 | 浙江大学出版社 | |
| | (杭州市天目山路 148 号　邮政编码 310007) | |
| | (网址:http://www.zjupress.com) | |
| 排　　版 | 浙江时代出版服务有限公司 | |
| 印　　刷 | 杭州钱江彩色印务有限公司 | |
| 开　　本 | 710mm×1000mm　1/16 | |
| 印　　张 | 16.75 | |
| 字　　数 | 220 千 | |
| 版 印 次 | 2022 年 10 月第 1 版　2022 年 10 月第 1 次印刷 | |
| 书　　号 | ISBN 978-7-308-23123-7 | |
| 定　　价 | 78.00 元 | |

# 【荐序一】　行动不停　思考不息

　　本书收录了 2020 年 1 月至 2022 年 5 月期间国才的所行所思和所言所文。作为一个从事旅游咨询的行者和思者,在全国新冠肺炎疫情起伏不止、旅游业在各地时停时续之际,国才不停地走访了近百个区县市,写下了数十篇文稿,在论坛、报刊和网络上留下了真切的声音。除此以外,国才发起和创建的"旅游百人会"社群,在疫情期间仍然坚持每两周一次在网络上举办"百人茶社"的活动。每次活动都会邀请业界实战派专家主讲业界关心的热点话题,并与成员交流各自的抗疫或创业经验。2021 年,国才主持出版了《旅游百人谈(第一辑)》,目前正在筹集出版《旅游百人谈(第二辑)》。疫情期间能如此做的,在旅游界可能唯国才一人。

　　旅游作为一种人在异地他乡行走的社会现象和休闲活动,在国内外新冠肺炎疫情笼罩的形势下,遇到了前所未有的困难与挑战。旅游业,一个被誉为朝阳产业、幸福产业的行业,在疫情下立刻显露了它特有的敏感性和脆弱性。本书就是在这种时刻真实地记录了旅游业界的困惑、坚守和创新。

　　本书中,无论是对旅行社、酒店和旅游景区等传统业态转型的思考,还是对文旅 IP、旅游直播、短视频等旅游新现象的探讨;无论是对夜间旅游集聚区或横店梦外滩影视文旅综合体的探讨,还是对上海季高兔窝窝亲子园、千岛湖"鱼儿的家"精品民宿的实践总结;无论是对"出境旅游国内化"的思考,还是对国内旅游近程化、休闲化的评述;无论是对县域文旅品牌运营的思考,还是对新冠肺炎疫情下文化旅游行业生存与发展政策的建议,都体现了作者对中国旅游业如何尽快走出困境、在疫情中如何开拓创新的探索与思考。

新冠肺炎疫情何时结束?世界与中国的旅游业何时回归正常?这是世人共虑的问题。据联合国世界旅游组织2022年4月发布的《世界旅游晴雨表》显示,截至2022年3月24日,全球只有12个国家及地区全面开放国际旅游,国际旅游业要恢复到疫情前水平,可能至少要等到2024年以后。国内疫情时起时伏、此伏彼起,近程游、休闲游虽然依然存在,但国际出入境旅游何日重启,都尚待观察。当新冠肺炎疫情被控制住、国际国内旅游回归正常后,旅游方式将会发生什么变化?本书中探讨的"互联网＋旅游"的种种方式,会如何创新发展?当前人们主要关注的是疫情下旅游企业的存与亡,但疫情后的旅游消费方式与供给方式及行业组织方式等业态变革问题,已经摆在我们面前了,需要我们提前思考和研究。

最近在国才主持和百友们的支持下,旅游百人会启动了"Travel-Learn-Share 1000 Plan",简称"TLS1000计划",计划从2022年3月起,用20年的时间,举办1000场面向旅游院校、企业、协会和旅游目的地的、线上与线下相结合的讲座,将百友们旅行考察时的所见所闻、实践操盘时的所作所为、专业研究时的所思所想,与文旅业界同仁和关注旅游业的朋友们公开分享。

到2041年,国才60多岁,正当壮年;我若长寿,正好百岁。百人会的百友定当健在并后续有人。那时,旅游将如何开展,网络会发展到何等程度,今天难以想象。但是,我相信今日之疫情不过是历史长河中的一瞬。祈愿"旅游百人会"和《旅游百人谈》会持续不息、茁壮成长。

回到时下,国才的这本《中国旅游创变录》,在中国旅游发展的艰难时刻,留下了这段历史的真实一页,值得一读。

是为序。

王兴斌

(王兴斌:北京第二外国语学院原旅游科学研究所所长,现为中国文化和旅游产业研究院特约教授,国务院突出贡献专家津贴获得者)

## 【荐序二】 坚定信心 攻克难关

新冠肺炎疫情历时已经两年有余,从 2020 年 1 月暴发以来,中国旅游企业经历了前所未有的困难。尤其是 2022 年,由于新冠病毒的变异,奥密克戎的传染性大大增强,疫情防控难度加大,封路、封区、封城成了常态,检查健康码、行程码再到核酸检测码,种种防疫措施进一步加大了旅游企业的经营困难。中国旅游企业该何去何从,对民营旅游企业来讲是一项难题,特别是在疫情发展到目前还看不到头,经济又呈下滑趋势的关键点上,我们该当如何?

在此时,任国才老师在上海隔离期间整理出了《中国旅游创变录》。这本书对中国旅游人来讲有非常大的提示作用,特别是第三部分"未来展望篇"提出的"中国旅游是增长的新引擎、新机遇、新动能、新常态"的观点非常有意义。结合 2022 年全国两会李克强总理在政府工作报告中提出的,2022 年发展主要预期目标是国内生产总值增长 5.5% 左右,在这样困难的情况下这无疑是鼓舞人心的。只要中国经济还能保持增长,我们对旅游业就应该有信心。第一,从历年的数据来看,旅游业的增长都是高于经济增长的;第二,经济的增长一定会带动人民收入的增长,特别是在我国人均 GDP 已经超过 1 万美元的情况下,从而带动旅游消费的增长;第三,中国有 14 亿多人口的基数,必将促进旅游消费内生力不断增长；第四，旅游是人民美好生活向往的重要组成部分，不仅是物质上的，更是精神层面的需求。

当然防疫抗疫还没有结束，未来经济增长方式和人们的旅游消费方式也会转变，对我们旅游人来说必须不断学习、时刻关注市场的变化，在供给端创造新的产品，提供新的品质，适应不断发展的需求。我们应该相信疫情一定会过去，或者随着病毒的变异、新的抗病毒药物的出现，管控方式一定会发生转变。同时 2022 年两会政府工作报告中明确要求对受疫情影响严重的企业纾困，政策也会陆续出台，这充分说明政府一定会将旅游企业放在议事日程上，我们要充满信心，柳暗花明的那一天一定会到来。

陈妙林

（陈妙林：中国旅游协会副会长，浙江省旅游协会会长，开元旅业集团创始人）

# 【自序】 天行健,君子以自强不息

2020 年 1 月,突如其来的新冠肺炎疫情对中国经济社会造成了巨大的影响,旅游业首当其冲,全国旅游业进入停摆状态。

2020 年 4 月,以武汉解封为标志,旅游业开始进入缓慢复苏阶段,从清明假期到"五一"假期再到暑假,全国旅游业复苏势头良好。2020 年中秋国庆假期,是在全球新冠肺炎疫情依然肆虐但国内疫情得到全面控制情况下的第一个黄金周,也是在党的十九届五中全会提出"构建以国内大循环为主体、国内国际双循环相互促进的新发展格局"后的第一个黄金周,相比国际旅游市场的低迷沉寂,国内旅游市场迎来强劲复苏。根据中国研究院 2020 年 10 月 8 日发布的中秋国庆八天长假旅游宏观数据,全国共接待国内游客 6.37 亿人次,按可比口径同比恢复 79.0%,实现国内旅游收入 4665.6 亿元,按可比口径同比恢复 69.9%。

2021 年 2 月 28 日,国家统计局发布《中华人民共和国 2020 年国民经济和社会发展统计公报》,公报显示 2020 年国内游客 28.8 亿人次,比上年下降 52.1%,国内旅游收入 22286 亿元,下降 61.1%。自 1978 改革开放以来,旅游业的增长速度一直高于国民经济的增长速度,经过 40 多年的快速发展,中国已经成为当之无愧的世界旅游大国。截至 2019 年,中国拥有全球第一大国内旅游市场(全年国内游客达 60.06 亿人次),第一大出境旅游市场(出境游客 1.55 亿人次),第四大入境旅游市场(入境游客 1.45 亿人次)。2020 年,旅游业遭遇了改革开放以来单年最大的跌幅,与此同时,中国宏观经济依然稳中有升,在全球主要经济体中唯一保持正增长,GDP 增长速度达到了 2.3%。

进入 2021 年,随着国内新冠肺炎疫情得到有效控制,国内旅游保持了稳步复苏的良好态势。2021 年清明假期,国内旅游出游 1.02 亿人次,按可比口径同比增长 144.6%,恢复至疫前同期(2019 年清明假期)的 94.5%。2021 年"五一"假期,国内旅游出游 2.3 亿人次,同比增长119.7%,按可比口径恢复至疫前同期的 103.2%,首次超过了 2019 年的同期水平。2021 年 7 月下旬,新冠肺炎疫情在国内多点暴发,国内疫情防控形势陡然紧张,多地紧急出台了"禁止团队跨省游""限制学生出市游"等政策,全年最好的暑期旅游黄金季戛然而止。2021 年下半年,新冠肺炎疫情在全国多地反复,旅游业复苏态势掉头向下。2022 年 2 月 28 日,国家统计局发布《2021 年国民经济和社会发展统计公报》,报告显示,2021 年全年国内游客 32.5 亿人次,比上年增长 12.8%,但只恢复到 2019 年的 54%,国内旅游收入 29191 亿元,比上年增长 31.0%,但只恢复到 2019 年的 44%。

2022 年第一季度,受新一波奥密克戎疫情影响,国内多地出现本土感染病例,局部地区疫情防控形势严峻,已波及 29 个省份。受此影响,旅游业面临开年不利的严峻形势,据 4 月 5 日文旅部发布的清明节假期文旅市场情况显示,2022 年清明节假期 3 天,全国国内旅游出游 7541.9万人次,同比减少 26.2%,实现国内旅游收入 187.8 亿元,同比减少 30.9%。

从 2020 年 1 月新冠肺炎疫情暴发至今,旅游企业受到前所未有的冲击,旅行社、酒店、交通、景区等传统旅游企业首当其冲,旅游咨询企业、OTA（在线旅行服务商）、旅游科技企业也深受影响，绝大多数的旅游企业出现严重亏损的情况，相当比例的旅游企业面临生死存亡的考验。受此关联影响，相当比例的旅游从业人员已经事实上失业，旅游院校的毕业生不得不转行寻找其他工作，很多旅游专业的学生对前途迷茫准备放弃本专业……

"天行健，君子以自强不息。"疫情暴发至今两年多时间，中国旅游人中涌现出许许多多的奋斗者，他/她们不抛弃、不放弃、不抱怨、不躺平，坚持百折不挠、永不言弃的精神，采取大胆探索、积极创新的行动，取得了良好的经营成绩，受到了业界的高度认可。其中，既有开元旅业集团创始人陈妙林、复星旅文集团董事长钱建农、携程集团董事局主席梁建章、无锡灵山文旅集团董事长吴国平、景域驴妈妈集团董事长洪清华、黄山旅游集团董事局主席章德辉等大型旅游集团的企业家，也有季高集团总裁李慧华、金东数创董事长周安斌、执惠集团董事长刘照慧、千岛湖"鱼儿的家"民宿女主人余爱君等中小旅游企业的负责人，还有许多旅游目的地政府主管领导、旅游行业协会的负责人、旅游研究机构的专家学者，他们都用自己的行动和努力，为中国旅游"抗疫"贡献智慧和力量。他们是中国旅游振兴的信心和底气所在。

作为数百万旅游工作者中的一员，笔者身处旅游企业，冲锋在市场一线，两年多时间旅行考察了十几个省份、几十个地市州、上百个区县市，亲身经历了疫情暴发至今的全过程，目睹了疫情对旅游业的冲击和影响，亲自参与了旅游人抗击疫情的工作和实践。本书真实记录了笔者在 2020 年 1 月至 2022 年 5 月期间的所见所闻和所思所想，同时，收录了多个目的地和旅游企业在疫情中创新求变的实践案例，希望为广大旅游同仁分享抗击疫情的方法，增加抗击疫情的信心，也为旅游后来者们留下一段真实的历史记录。

寒冬已经到来,春天还会远吗? 曙光就在前方,坚持就是胜利!

加油,一起向未来!

任国才

2022 年 5 月 19 日"中国旅游日"

# 目　录

## 第三部分　未来展望篇

# 第一部分　冲击影响篇

# 新型冠状病毒肺炎疫情对 2020 年旅游业的冲击和影响

2020 年 1 月 19 日上午,内蒙古自治区呼伦贝尔市陈巴尔虎旗白音塔拉景区可汗宫会议室。根据几天来景域驴妈妈集团考察组对呼伦贝尔号草原森林旅游专列以及专列途经城市主要景区和配套场所的实地考察,以及笔者与呼伦贝尔文旅集团董事长交流沟通考察后的感受体会,笔者在肯定呼伦贝尔号草原森林旅游专列"内蒙古唯一、中国领先、世界特色"的同时,提出下一步改进提升的意见建议,并现场敲定了景域驴妈妈集团与呼伦贝尔文旅集团的系列合作。笔者与董事长约定,过年后景域驴妈妈集团项目组会尽快进驻呼伦贝尔深度考察,3—4 月份各项工作紧锣密鼓开展,5 月份专列新品牌面向全球隆重发布。笔者从会议中了解到,中央电视台著名主持人白岩松的老家就在呼伦贝尔,董事长与白岩松还很熟悉。对于呼伦贝尔号的前景,董事长信心满满:"我会想办法邀请到白岩松担任研讨会暨发布会的嘉宾主持,届时,呼伦贝尔号草原森林旅游专列一定能一炮走红,全国乃至全世界的目光都会聚焦呼伦贝尔,2020 年,呼伦贝尔号旅游专列一定会一票难求。"

1 月 20 日下午,笔者从黑龙江省哈尔滨市中央大街的百年老店马迭尔宾馆出发,步行至防洪纪念塔考察第二届松花江冰雪嘉年华。中央大街是哈尔滨最著名的旅游步行街,始建于 1900 年,北起江畔的防洪纪念塔广场,南接新阳广场,长 1400 米,街道两侧有欧式及仿欧式建筑 71 栋,包罗了文艺复兴、巴洛克、折中主义及现代等多种风格,这里每年都会举办啤酒节、时装节、狂欢节、文化节等众多活动,吸引了数以千万计的国内外游客纷至沓来,堪称"活着的建筑博物馆""流动的旅游风景线"。中央大街之于哈尔滨,相当于王府井大街之于北京、南京东路之于上海、北京路之于广州。中央大街尽头的防洪纪念塔下,就是哈尔滨的母亲河——松花江。此时此刻的松花江,夏天烟波浩渺的江水变成了冬天四五十厘米厚的冰层,数万游客正在冰面上欢快地嬉戏。

第二届松花江冰雪嘉年华由哈尔滨道里区人民政府主办,由哈尔滨文化旅游集团、哈尔滨马迭尔集团、上海景域驴妈妈集团共同承办,以"时尚都市·狂欢冰河"为主题,规划了占地面积达 110 万平方米的核心区,占地面积 209 万平方米的拓展区以及长 12.3 千米的遨游线,总用雪量 15 万立方米,总用冰量 2 万立方米,规划了中心活动区、动感机车区、雪人联欢区、公益活动区四大区域,设置了欢乐冰球场、雪地迷宫、香蕉船、雪地漂移、雪地 CS 对战、雪地摩托车、冰雪气垫船等 42 项冰雪娱乐项目。自 2019 年 12 月 30 日开园以来,短短 10 天吸引了 100 万游客,截至下午 5 点,冰雪嘉年华共吸引了 215 万游客入园,创造了新的纪录!运营团队正在朝着 50 天入园 500 万人次的宏伟目标冲刺!

1 月 21 日晚上,笔者从哈尔滨乘坐东航航班返回上海。当到达上海浦东机场时,已经是 22 日凌晨。在等候机场轨交时,笔者注意到另外一个航班下来的几十个乘客,几乎人人都戴着口罩。笔者与同行人小声嘀咕:"这些人是否都咳嗽感冒了?要离开他们远一点。"

1 月 22 日早上起来,笔者打开手机,发现新闻头条变成了"新型冠状病毒"。截至 1 月 21 日 24 时,国家卫生健康委员会收到国内 13 省(区、市)累计报告新型冠状病毒感染的肺炎确诊病例 440 例(北京市 10

例、天津市 2 例、上海市 9 例、浙江省 5 例、江西 2 例、山东省 1 例、河南省 1 例、湖北省 375 例、湖南省 1 例、广东省 26 例、重庆市 5 例、四川省 2 例和云南省 1 例),其中重症 102 例,死亡 9 例(均来自湖北省);除湖北省外,12 省(区、市)累计报告疑似病例 37 例(山西省 1 例、吉林省 1 例、黑龙江省 1 例、上海市 10 例、浙江省 10 例、安徽省 3 例、广东省 1 例、广西壮族自治区 2 例、海南省 1 例、四川省 5 例、贵州省 1 例和宁夏回族自治区 1 例)。收到日本通报确诊病例 1 例,泰国通报确诊病例 3 例,韩国通报确诊病例 1 例。目前追踪到密切接触者 2197 人,已解除医学观察 765 人,尚有 1394 人正在接受医学观察。22 日晚,国家卫生健康委员会发布了《新型冠状病毒感染的肺炎防控方案(第二版)》。方案提出疑似病例、确诊病例、聚集性病例的定义。一下子,"新型冠状病毒"成为所有手机端的热词,几乎人人都在翻阅、查看、讨论"新型冠状病毒"。

1 月 23 日,笔者开车返回浙江省东阳市与家人团聚。当笔者说到年初二要带孩子乘坐高铁去广东旅游时,全家人都很担心,"现在是新型冠状病毒传播高峰期,乘坐高铁的风险很大,而且广东也已经有了感染病例"。通过上网查询新型冠状病毒疫情对旅游的影响情况,笔者发现,很多旅游网站都已经开始或正在为客人办理退订手续。1 月 21 日,驴妈妈旅游网公开承诺,对于已预订即日起至 2020 年 1 月 31 日武汉地区门票、酒店、跟团游、自由行等产品的驴妈妈游客,可申请全额无损退款,由驴妈妈承担全部损失。对于已预订含武汉为目的地的火车票、机票等各类订单,驴妈妈将和游客、航司保持密切联系,按照铁路公司、民航局、航司的最新规定和要求,积极协助用户办理退票或改期。对于被确诊为新型冠状病毒肺炎或疑似新型冠状肺炎,以致在机场、火车站、长途汽车站、客运码头等公共交通枢纽被隔离劝返的游客,以及作为密切接触者的同行人,可申请免费取消在驴妈妈平台预订的全部产品,由驴妈妈承担全部损失。1 月 22 日,华住酒店集团宣布,支持客人"免费取消春节期间华住相关酒店预定"。1月23日，携程集团向中国境内酒店发起"安心取消保障倡议"，客人预订的2月8日前全渠道酒店订单予以免费取消。1月23日，7部春节档电影（《熊出没·狂野大陆》《姜子牙》《囧妈》《紧急救援》《唐人街探案3》《夺冠》《急先锋》）全部宣布撤档，1月23日下午，猫眼电影和淘票票分别在官方微博宣布，用户购买的所有撤档影票均可无条件退款。

综合疫情形势和家人意见，笔者决定取消春节外出旅游。23日晚上，笔者在12306App上退掉已经订好的高铁车票。根据高铁退票规则，发车前48小时以上退票承担5%退票费，发车前24－48小时退票承担10%退票费，发车前24小时内退票承担20%退票费。笔者承担了5%的退票费145.5元。就在笔者退订后不到一个小时，12306官网发布信息：自24日0时起，所有高铁车票免费退订。

1月24日是中国传统节日——除夕，原本举国同庆家庭欢聚的日子，突然被各种不安和恐惧包围。根据国家卫生健康委员会发布的数据，1月23日0—24时，27个省（区、市）报告新增确诊病例259例，新增死亡患者8例。新增治愈出院6例。19个省（区、市）报告新增疑似病例680例。全国共有29个省（区、市）报告疫情，新增内蒙古、陕西、甘肃、新疆4个省（区）。截至1月23日24时，国家卫生健康委收到29个省（区、市）累计报告新型冠状病毒感染的肺炎确诊病例830例，其中重症177例，死亡25例，其中湖北省24例、河北省1例。已治愈出院34例。20个省（区、市）累计报告疑似病例1072例。

1月25日，农历正月初一，中共中央政治局常务委员会召开会议，专门听取新型冠状病毒感染的肺炎疫情防控工作汇报，习近平总书记主持会议并发表重要讲话："各级党委和政府必须按照党中央决策部署，全面动员，全面部署，全面加强工作，把人民群众生命安全和身体健康放在第一位,把疫情防控工作作为当前最重要的工作来抓。"①会议决定,党中央成立应对疫情工作领导小组,在中央政治局常务委员会领导下开展工作,由李克强总理担任疫情工作领导小组组长。党中央向湖北等疫情严重地区派出指导组,推动有关地方全面加强防控一线工作。党中央在大年初一就疫情召开常委会是史无前例的,因为疫情蔓延的速度是触目惊心的:1 月 24 日 0—24 时,29 个省(区、市)报告新增确诊病例 444 例,新增死亡患者 16 例。新增治愈出院 3 例。19 个省(区、市)报告新增疑似病例 1118 例。全国共有 30 个省(区、市)报告疫情,新增青海省。截至 1 月 24 日 24 时,卫生健康委收到 29 个省(区、市)累计报告新型冠状病毒感染的肺炎确诊病例 1287 例,其中重症 237 例,死亡 41 例(湖北省39 例、河北省 1 例、黑龙江 1 例)。已治愈出院 38 例。20 个省(区、市)累计报告疑似病例 1965 例。目前追踪到密切接触者 15197 人,已解除医学观察 1230 人,尚有 13967 人正在接受医学观察。另外,国(境)外通报确诊病例:中国香港 5 例,中国澳门 2 例,中国台湾 3 例;泰国 4 例(2例已治愈),日本 2 例(1 例已治愈),韩国 2 例,美国 2 例,越南 2 例,新加坡 3 例,尼泊尔 1 例,法国 2 例。

突如其来的新型冠状病毒感染的肺炎疫情,对交通、商业、餐饮、旅游等行业造成了广泛的影响和巨大的冲击。1 月 23 日凌晨,武汉市新型冠状病毒感染的肺炎疫情防控指挥部发布第 1 号通告,提出机场、火车站离汉通道从 23 日 10 时起暂时关闭。武汉市文化和旅游局迅速反应,要求全市所有旅游团队一律取消。全市所有旅行社企业不得以任何方式推诿,并做好团队取消的后续工作。旅行社依法依规做好退团退费工作。1 月 23 日,湖北省文化和旅游厅发布《关于进一步加强文化场馆和文旅活动管理、扼制疫情蔓延的通知》,要求全省所有 A 级旅游景区

① 《中共中央政治局常务委员会召开会议 研究新型冠状病毒感染的肺炎疫情防控工作 中共中央总书记习近平主持会议》,《人民日报》,2020 年 1 月 26 日第 1 版。

一律暂停营业，星级旅游饭店一律不得举办游客聚集的活动，原已筹备的活动予以取消或延期。全省各旅行社暂停经营活动，不再组团招客；已经组团的一律取消或延期，并及时妥善处置游客退团退费问题。1月24日，文化和旅游部办公厅发布《关于全力做好新型冠状病毒感染的肺炎疫情防控工作暂停旅游企业经营活动的紧急通知》：即日起，全国旅行社及在线旅游企业暂停经营团队旅游及"机票＋酒店"旅游产品。1月24日，重庆市启动重大突发公共卫生事件Ⅰ级响应，所有A级景区和游轮暂停经营，旅行社及在线旅游企业暂停经营团队旅游、出境游及"机票＋酒店"旅游产品。1月24日，河北省正式启动重大突发公共卫生事件一级应急响应，全省范围内停止举办大型文艺展演、展览及聚集性群众文化和旅游活动，大型文旅场所、设施立即暂停营业，旅行社及在线旅游企业暂停经营团队旅游及"机票＋酒店"旅游产品。广西壮族自治区文化和旅游厅官方微信公众号发布，1月25日起，广西国家A级旅游景区暂停运营。北京市国内旅游团队业务和机加酒服务自1月24日起停止，对于部分出境团队，在保证安全的情况下27日之前还可以继续出行，但27日之后包括出境团队在内的所有团队游业务和机加酒服务将全部暂停。1月26日，吉林省文化和旅游厅召开关于疫情防护工作会议。会上通报，截至1月26日16:00，全省旅行社和网点、公共图书馆、博物馆、文化馆（站）、美术馆共计1443家，暂停运营率100%。全省A级景区231家暂停运营。全省近期开展的310场旅游和文化类节事活动、56场文艺演出、50场"游吉林，激发消费潜力"群众演出系列活动全部暂停……

1月26日，大年初二，笔者接到《旅行社资讯》负责人发来的微信通知："受到疫情的影响，原计划2月13—14日在长沙召开的2020中国旅行社行业发展高峰论坛决定延期举办。"笔者预计，个人原定2月份甚至3月份的工作出差计划都可能延后或取消。

综合携程《2020春节"中国人旅游过年"趋势预测报告》、驴妈妈《2020春节出游趋势报告》、同程旅游《2020春节黄金周居民旅游消费趋势报告》、途牛《2020春节黄金周旅游趋势报告》，"旅游过年"取代"春节回家"和"宅"，成为中国人当下最流行的方式。2020年春节黄金周七天的出游人次预计在4.5亿人次左右，国内游的出游人群出发时间相对集中在1月18日（农历腊月二十四）、1月25日（大年初一）和1月26日（大年初二）三天，客流量占比均在10％以上，尤以大年初一和初二两天出发的客流量最大，合并占比26％。春节黄金周期间，高铁不仅是人们回家过年的首选，也是旅游度假的首选，以动车或高铁为交通方案的春节线路非常受欢迎。受新型冠状病毒肺炎疫情影响，粗略估计，有3亿—4亿人次中止了出游，涉及机票（车票、船票）、酒店、门票的退订金额预计高达数千亿元。

具体到旅游景区，恭王府博物馆自2020年1月24日起暂停开放，取消所有公众活动；上海野生动物园自1月24日起闭园；杭州宋城景区自1月24日起暂时闭园；芜湖方特欢乐世界、方特梦幻王国、方特东方神画自1月24日起暂停开放；故宫博物院、国家博物馆自2020年1月25日（正月初一）起闭馆；新疆天山天池景区、那拉提景区、吐鲁番葡萄沟景区自1月25日起暂时关闭；上海东方明珠塔、上海城市历史发展陈列馆、东方明珠浦江游览、空中旋转餐厅自1月25日起闭园，上海迪士尼乐园、迪士尼小镇自1月25日起暂时关闭；深圳欢乐谷、上海欢乐谷、北京欢乐谷自1月25日起闭园；香港迪士尼乐园度假区、香港海洋公园自1月26日起暂停开放；张家界所有景区景点自1月26日起暂停对外开放；1月27日，马迭尔集团发布通告，2020中国·哈尔滨松花江冰雪嘉年华于28日起暂时关闭……原本的春节旅游旺季突然被"终止"，旅游景区的收益戛然而止，直接归零。具体到旅行社，情况则更加糟糕（详见《疫情下团队游"停摆"，老旅游人自述：20年里最困难的事情都遇到了》《面临大量退团的旅行社老板:旅游业未来可能会井喷,但要先熬过今年》)。

截至 1 月 29 日,国内旅行社、旅游景区几乎全部停业,在线旅游企业、宾馆饭店、航空公司、车船公司遭遇大面积的退订。这些旅游企业承受了巨大的经济损失,很多中小旅游企业正在遭受毁灭性的打击! 旅游咨询企业(如规划设计公司、营销策划公司、广告传媒公司等)受疫情影响短期来看似乎不大,但由于客户关注重点转移(到抗击疫情)和需求疲软(复工时间推迟、自身资金紧张等),第一季度订单可能出现断崖式下降,上半年业务发展也将大受影响。

根据国家卫健委发布的最新数据,截至 1 月 28 日 24 时,31 个省(区、市)报告新增确诊病例 1459 例,新增重症病例 263 例,新增死亡病例 26 例(湖北省 25 例、河南省 1 例),新增治愈出院病例 43 例,新增疑似病例 3248 例(包括西藏 1 例)。全国 31 个省(区、市)累计报告确诊病例 5974 例,现有重症病例 1239 例,累计死亡病例 132 例,累计治愈出院103 例。现有疑似病例 9239 例。截至 1 月 29 日 24 时,31 个省(自治区、直辖市)和新疆生产建设兵团报告新增确诊病例 1737 例(西藏出现首例确诊病例),新增重症病例 131 例,新增死亡病例 38 例(湖北 37 例、四川 1 例),新增治愈出院病例 21 例,新增疑似病例 4148 例。31 个省(自治区、直辖市)和新疆生产建设兵团累计报告确诊病例 7711 例,现有重症病例 1370 例,累计死亡病例 170 例,累计治愈出院病例 124 例,共有疑似病例 12167 例。

健康是 1,其他是 0。没有健康,美好的生活无从谈起。

客流是 1,其他是 0。没有客流,就没有持续的旅游业。

天佑中华! 期盼疫情早日得到控制,期盼病人早日治愈出院!

祈福旅游! 祈愿旅游尽早触底反弹,祈愿旅游实现涅槃重生!

(原文写作于 2020 年 1 月 30 日)

# 疫情影响下的中国旅游市场新常态

## 一、疫情后的旅游行业需求新变化

2020 年中秋国庆假期国内旅游强劲复苏,旅游接待人次按可比口径同比恢复 79.0%,国内旅游收入按可比口径同比恢复 69.9%,超过了中国旅游研究院 9 月 29 日的预测(预计中秋国庆假期,国内游客规模将达到 5.5 亿人次,约占 2019 年同期的七成,即恢复 70%)。

从交通数据来看,自驾车出游需求旺盛,众多一、二线城市的市区交通和出城交通全面进入红色拥堵状态。从酒店数据来看,高端酒店和精品民宿的预订火爆,越是高端的酒店和民宿,预订越是火爆。从景区数据来看,旅行社组织的团队游客比率明显下降,散客比例大幅增加,很多成熟的 5A 级景区,团队游客数量占比下降到 10% 以内,90% 游客为散客。高等级景区供不应求,普通景区供过于求。从旅行社数据来看,很多旅行社的发团量和接团量相比 2019 年同期出现断崖式下降,新冠肺炎疫情加速了旅行社行业洗牌,很多旅行社进入生死存亡期。从餐饮数据来看,餐饮是疫情后恢复最快的领域,不少优质餐厅生意超过 2019 年同期。从目的地交通数据来看,海南、云南、四川、青海等中远程旅游目的地（相比京津冀、长三角、大湾区客源地）自驾车旅游火爆，其中，三亚市位居豪华车、跑车订单榜首，成为国内高端游客最集中的旅游目的地，成为因疫情原因"出境旅游转国内旅游"最直接的受益者。

疫情冲击下旅游行业的新变化：

● 旅游需求端："预约旅游"成为新常态，旅游消费日益理性和成熟；

● 旅游供给端：优质产品和服务受到追捧，旅游供给进入分层、分级、分类新阶段；

● 旅游渠道端：传统旅游渠道（旅行社）逐渐式微，新的旅游渠道（OTA、淘宝店、网络旗舰店、官网、微信公众号、旅游直播）不断涌现。

疫情冲击后旅游心理和旅游需求的新变化：

● 避免去拥挤的场所，更倾向去自然山水型景区和户外运动空间；

● 避免与陌生人组团出游，更倾向与家人结伴一起出游；

● 避免随大流的旅游，更倾向个性化的旅游方式（户外运动、康体疗养等）。


## 二、驴妈妈在疫情中的具体举措和成效

### 1.加快旅游产品转变，拓展销售商品品类

面对新冠肺炎疫情造成旅游出行戛然而止、旅游订单大幅取消的情况，在做好客户订单退改的同时，驴妈妈旅游网果断从单纯销售旅游产品（景区门票、酒店客房、机票、火车票、旅游线路等）转型，又增加了"旅游目的地好货"的销售品类，包括旅游目的地农产品、土特产品、非遗产品、文创商品等，通过驴妈妈的平台优势和会员基础，帮助旅游目的地销

售更多的优质商品,驴妈妈旅游网自身实现了可观的销量和现金流。在此基础上,驴妈妈成立了专门的新平台——"风旅阁",定位为"全国领先的旅行及伴手礼专家",专注于发现和挖掘地方特色的好商品,通过专业策划包装设计成为时尚的伴手礼,通过网络渠道广泛销售。

### 2. 加快旅游营销转变,主动拥抱旅游直播

2020 年 2 月 15 日,面对疫情造成旅游的停摆,驴妈妈旅游网推出了第一场直播:知识直播。之后的半个多月,驴妈妈集团高管轮番上阵,向旅游业界广大同仁免费分享驴妈妈的实践心得与思想观点。2020 年2 月 29 日,驴妈妈推出了集合国内 17 家文旅集团董事长和业绩重量级嘉宾的不间断直播——"文旅大咖说",向行业注入知识抗疫的正能量。2020 年 3 月 21 日,驴妈妈联合全国百名县长推出"百名县长旅游直播大会",各地的县长们走进直播间,通过手机进行旅游产品和土特产品的推介,实现了"营销声量＋产品销量"的完美结合。随后的几个月,驴妈妈先后进行了"旅游局长带你游上海""舟游列岛 GOU GOU GOU"等直播活动,帮助旅游目的地实现了创新的营销推广与产品销售。

## 三、对未来行业与发展热点的展望

根据国际货币基金组织(IMF)预测,2020 年全球经济将萎缩 3%,是"二战以来最严峻的经济衰退",也是 1870 年以来人均产出下降的经济体数量最多的一年,超过 95% 的国家人均收入都将出现负增长,出口型经济体的经济表现将遭到更为严峻的冲击。经济合作与发展组织(OECD)发布《全球经济预测报告》,2020 年全球主要经济体中,只有中国经济实现正增长 1.8%。2021 年,预计全球经济将迎来强劲反弹,全球经济增长 5%,美国增长 4%,中国增长 8%。

宏观经济和新冠肺炎疫情对中国旅游的复苏和未来走势影响巨大和深远。受制于世界主要经济体和中国周边国家及地区经济增长疲软的影响，中国的入境旅游在未来几年内处境会很艰难，入境旅游的复苏和增长乏力；由于新冠肺炎疫情防控形势的不明朗和不确定性，中国公民出境游需求难以释放，明后年出境游复苏依然有较大困难。2019年，中国游客在海外消费有2万亿元人民币，受疫情影响及国际形势变化，未来几年，这个2万亿境外旅游消费将"出口转内销"，国内旅游迎来难得的发展机遇——"旅游内循环"，在国内新冠肺炎疫情控制总体稳定的形势下，预计2021年国内旅游将迎来V形反弹，产生新一波的旅游增长。

（原文写作于2020年12月11日）

# 疫情影响下的中国旅游 2021 年走势研判

2020 年翻过旧篇,2021 年已经到来。对很多旅游人而言,2020 年很短,在繁忙"抗疫"中时间飞逝而过;2020 年又很长,征途漫漫,前途未卜。

回顾 2020 年,作为旅行工作者和观察记录者,笔者先后去了二十多个省份、近百个区县市考察,与数百名旅游相关负责人进行了交流座谈,并参与了旅游"抗疫"和旅游复苏的多个项目和活动,现特把一年来一线实践的观察和思考进行梳理总结:

● 在疫情对旅游目的地普遍冲击下,不同区位的旅游目的地呈现冰火两重天的差别:远离客源市场的目的地,游客接待量与旅游收入呈现断崖式下降,旅游业的脆弱性尽显;毗邻大城市的近郊生态型目的地,率先复苏反弹甚至不减反增,休闲旅游融入为生活的组成部分。

● 面向 C 端的旅游企业,如 OTA、旅行社、车船公司,受制于政策限制的市场需求萎缩,在疫情中损失惨重;面向 G 端和 B 端的旅游企业,如旅游营销公司、旅游科技公司,因为政府加大旅游扶持力度的政策红利,在疫情中影响很小。

● 旅游目的地的选择题:重点做中远程游客的异地旅游,还是做本地市民的休闲生活？

●旅游企业的选择题：是坚守旅游老本行的阵地，还是转换赛道进军新领域？

# 一、旅游目的地：冰火两重天

## 1.远离大城市的旅游目的地：在疫情中遭受重创，短期复苏缓慢

2020 年 1 月 24 日，文旅部发布通知，全国暂停境内外跟团游和"机票＋酒店"半自助旅游产品，全国旅游按下了暂停键。文旅部通知首先对市场端造成了重大冲击，市场端的变化影响通过渠道端快速传递到目的地端。其中，远离客源地的旅游目的地尤其感受到疫情带来的寒冬。笔者考察过的重庆市黔江区濯水景区，2020 年 12 月刚刚晋级国家 5A 级景区，无论在硬件上还是软件上，濯水景区在重庆市众多旅游景区中都名列前茅，但由于空间距离重庆市区有 300 多公里，自驾车需要 4 个小时以上，飞机、火车到达还不太方便，疫情使得旅游团队游客数量锐减，自驾车游客和散客由于距离较远而增长乏力，2020 年的游客接待量同比 2019 年有大幅下滑。笔者考察过的呼伦贝尔市满洲里国门景区、鄂尔多斯野生动物园景区、杭州千岛湖景区，都在疫情中遭受重创，疫情后复苏缓慢。

## 2.毗邻大城市的旅游目的地：率先复苏反弹甚至不减反增

随着武汉封城的结束和全国抗疫的阶段性胜利，文旅部对于旅游开放的政策也逐步放宽。低风险地区率先迎来了开放机会。2020 年 2 月 14 日，浙江省旅游协会编制并发布了《浙江省新冠肺炎防控旅游景区有序开放工作指南 60 条》（以下简称《指南》），积极稳妥推进旅游景区疫情

防控和有序开放。其中，淳安、安吉、武义、嵊泗、岱山、云和、遂昌等 12 个低风险县市率先开放。但是，开放并不等于人流，远离大城市的旅游目的地，虽然开张但门可罗雀，员工比游客多。经营收入覆盖不了工资成本的情况比比皆是。

大城市近郊型旅游目的地在疫情后率先复苏反弹。笔者在上海市金山区 4A 级景区金山嘴渔村和面朝杭州湾的海鲜餐厅考察发现，上海市民络绎不绝。金山区旅游协会会长告知，自文旅部 3 月出台"限制跨省组团旅游、限制景区游客接待量（必须预约扫码入园、入园人数控制在最大接待容量的 30% 以内）"政策以来，金山旅游接待量出现明显增长态势，甚至超过了 2019 年同期水平，迎来了出人意料的"复苏反弹"。为什么？很多上海市民不能出上海，只能选择到上海郊区去"透透风、散散心"，至今仍保留大片乡村风貌和田园风情的金山区，成为上海市民近郊游的优选。数据显示，五一至暑期，金山区很多宾馆饭店和旅游餐馆的出租率超过了 2019 年同期。而与金山区接壤的浙江省嘉善县，正好属于上海"限制跨省游"的对象，虽然旅游景区酒店质量比金山区高出一筹，但复苏情况与金山区形成强烈反差。

## 二、旅游企业：看谁反应快？

### 1. OTA 率先拥抱旅游直播

"春江水暖鸭先知。"旅游渠道端率先感受到旅游市场端的变化，携程、同程、飞猪、驴妈妈等 OTA，以及全国各地的旅行社，2020 年春节假期期间最繁忙的工作是处理因疫情原因造成的订单大量退订。大量退订不仅导致 OTA 企业客服中心工作量成倍增加，而且导致企业经营收入呈现大幅下降。

在收入大幅下降和运营成本无法大量压缩的情况下,旅游渠道端企业不得不寻找新的出路。对市场反应最灵敏的 OTA 企业,率先开始转型探索。旅游直播成为众多旅游 OTA 不约而同的新选择。从 2 月 15 日起,景域驴妈妈集团先后策划举办了"公益文旅直播课""文旅产业振兴在线大会""全国百名县长爱心义卖直播大会"等直播活动,为行业分享正能量的同时,也为集团自身赢得了好口碑与现金流。5 月起,驴妈妈凭借在旅游直播经验技能和人才积累基础上的优势,先后为舟山市、黄山市、张掖市等目的地输出定制化的旅游直播服务,赢得了面向 G 端的服务收入。2020 年 3 月 23 日,携程集团创始人、董事局主席梁建章在三亚亚特兰蒂斯酒店进行首场直播秀,1 小时卖掉价值 1000 万元的酒店套餐。之后,携程将每周一场的"BOSS 直播"常态化,并先后开通"周末探店"直播、"境外本地"直播的活动。截至 10 月 28 日,携程直播矩阵所创造的交易额已累计超过 24 亿元,累计观众超 1.5 亿人次。

旅游直播为 OTA 企业赢得了会员的青睐和新客户的关注,产生的销售收入为 OTA 企业带来了宝贵的现金流。携程集团 CEO 孙洁在携程全球合作伙伴峰会上提出,"携程'BOSS 直播'已全面升级为携程直播频道,未来携程直播将会平台化,欢迎合作伙伴积极参与携程直播平台。"

## 2.旅行社主动转换新赛道

疫情的暴发和政策的限制,加速了传统旅行社的消亡,也迫使旅行社加快变革速度,主动转换切入新的赛道,寻找新的发展机会。

厦门建发国旅集团在疫情中开发了"旅爽生活家"App,利用集团的渠道网络优势,整合省内外优质农特产品与生活用品,为会员游客和本地市民提供严选、优质、超惠的生活用品,实现了良好的现金流,部分员工也平稳地实现了内部工作岗位转换。浙江中旅集团深入研究浙江省

2020 年最新的职工疗休养政策（职工疗休养报销额度是从 2000 元/人增加到 3000 元/人，允许职工家属随同参加，可以灵活安排疗休养时间，疫情期间职工疗休养不能出省，只能在本省内授牌的疗休养基地进行），利用自身国企背景优势和渠道网络优势，开发了多种省内疗休养产品和线路，大力拓展职工疗休养市场，2020 年实现了 2000 多万元的营收，获得了企业生存发展宝贵的现金流。延安亲亲旅行社紧抓"2021 年建党100 周年"机遇，在 2020 年全面转型做红色教育培训，联合枣园、南泥湾、梁家河等红色培训基地和延安干部管理学院等教育师资力量，开发了面向政府、企事业单位、院校等不同类型的红色教育培训产品，并在2020 年 12 月组织了全国 100 多家红色教育培训机构齐聚延安，实地考察体验和研讨延安教育培训和红色文化旅游产品线路，向全国客户推介和销售延安红色培训和红色旅游产品，当场收获了众多同业订单。

### 3. 旅游景区加速建设散客渠道

在疫情中，原本主要依靠旅行社送客的景区客流量出现了断崖式下滑，而在散客渠道建设上提前布局拓展的旅游景区，则在疫情中快速复苏。

浙江横店影视城秦皇宫景区国庆假期前两天的游客接待量超过 2万人次，虽然相比 2019 年同期下降 30% 左右，但基本恢复到游客接待量的政策上限（70%）。2020 年，浙江横店影视城公司一方面加大与OTA（美团、携程、同程、驴妈妈等）的营销与销售合作；另一方面，加大公司自有销售渠道（淘宝店、官网、微信公众号）的建设与运营，全年接待的散客比例大幅增加至 90% 以上，其中通过 OTA 销售的散客比例在50% 左右，通过自有渠道销售的散客比例占 40% 左右，相较于 2019 年出现大幅增加。而旅行社输送的团队游客，从几年前的 50% 占比下降到 2020 年的 10% 以下。

## 三、市场新机遇：政府需求持续且稳定

每一个硬币都有两面，每一个政策都有"危"也有"机"。在疫情中，几乎所有 TOC 端的旅游企业都遭受重创，但主营业务 TOG/TOB 的旅游企业，受疫情影响并不大，少数企业甚至因"疫"得福，实现了订单和营收的同比增长。

### 1. 旅游营销公司紧跟"政府推进旅游复苏"需求

如何在后疫情时代重振文旅市场，如何吸引客源地游客到目的地旅游，是文旅部和旅游目的地政府 2020 年关注的重点，因此也愿意为之针对性地投入营销费用。中青旅联科在 2020 年中标并策划执行了"心灵四季 * 美丽中国"全球秋冬季旅游暨"新疆是个好地方"宣传推广活动，助力新疆在 2020 年国庆中秋假期接待国内游客 1535.43 万人次，同比增长 10.78％，实现了疫情冲击下的"逆袭"。2020 年，中青旅联科先后承接了"红色之旅壮美兵团"红色旅游宣传推介、"72 小时自驾内蒙古""这么近、这么美，周末游河北"等重大品牌活动，在帮助目的地"提高声量"和"增加人气"的同时，企业自身也实现了业务收入的不减反增。疫情后时代的旅游营销，越来越注重线上营销与线下营销的结合，越来越强调"发出品牌声量"与"输送游客数量"的结合。

### 2. 旅游科技公司在疫情中大行其道

由于疫情中对游客流动管控要求的提高和对游客聚集的预防，各地政府越来越重视智慧旅游管控平台的建设，加上 2020 年 11 月国家发改委、文旅部等十部委联合下发的《关于深化"互联网＋旅游"推动旅游业高质量发展的意见》，旅游科技公司在疫情中大行其道。以提供扫码入

园解决方案和智慧旅游平台建设运营为主营业务的景域智能科技公司，连续中标了"山西一机游""湖北一机游"等重大项目，2020 年业务不减反增，营收是 2019 年的数倍。广州利亚德励丰公司中标了苏州"姑苏八点半"、广西"夜德天"、三亚崖州古城文明门光影秀等重点夜游文旅项目，在助力地方政府发展夜游的同时，企业自身也实现了业务和营收的快速增长。

## 四、2021 年旅游企业的前途与选择

展望 2021 年，新冠肺炎疫情仍然是影响旅游业最大的"黑天鹅"。中国旅游能否复苏反弹或复苏到多少水平，很大程度上取决于疫情形势。鉴于国际疫情防控形势依然非常严峻，预计 2021 年中国出入境旅游依然前途渺茫，出入境旅游企业全面转型势在必行。在旅游需求疲软、旅游市场萎缩的态势下，中国旅游企业进入"存量竞争"时代。存量竞争时代的特征是，旅游消费市场规模较大幅度缩减，消费者选择越来越谨慎，消费也变得更加理性，众多旅游目的地竞争规模明显缩小。

对于文旅行业的重大利好消息是，在全球主要经济体中，中国是唯一一个实现经济正增长的国家，2020 年中国 GDP 达到 1015986 亿元，比上年增长 2.3%，其中，内需复苏强劲，居民消费加速回暖，2020 年 12 月，社会消费品零售总额同比增长 4.6%，环比增长 1.24%，实现连续 5 个月正增长。根据经济合作与发展组织（OECD）预测，2021 年全球经济将迎来强劲反弹，全球经济平均增长率 5%，美国经济增长率达到 4%，中国经济率增长率达到 8%。如果国内疫情得到全面控制、零星疫情也没有蔓延，那么中国经济的企稳回升便会带动国内文旅需求的快速增长。2021 年 2 月 14 日（大年初三），中国电影当日票房突破 13.7 亿元，春节档票房连续 3 天突破 10 亿元，刷新了中国电影票房的新纪录。

基于中国庞大而旺盛的内需市场,国内旅游的复苏和反弹可以期待。

面对不确定的 2021 年,挑战与机遇并存,文旅企业首先要继续"熬下去"、争取"活下来",并为"飞起来"做好准备。

## 1. 提高自身竞争力,在旅游存量市场中多分一杯羹

旅游企业需要巩固和提高产品质量,提升服务水平,想尽办法让老客户不流失或少流失,努力在存量市场中分得一杯羹。同时,要强化节约开支压缩成本的能力,让活下去的时间尽量长一些,活到疫情得到全面控制、旅游全面恢复的那一天。在业务低迷甚至中断的时候,加强业务产品研发、专业技能培训、业务流程优化,提高员工、团队和企业的战斗力和竞争力,是文旅企业永恒的重点,也是为长远发展打下坚实基础。

横店影视城公司董事长与笔者反馈,横店影视城 2021 年的三个关键词是:营销、产品、服务。本质上还是要练好内功,提高自身的核心竞争力。只要横店影视城能够保持在全国 302 个 5A 景区中名列前茅、在浙江省 19 个 5A 景区中名列前五,那么当轨交、高铁、机场在明后年建成开放后,疫情中被暂时抑制的省内外旅游客流,疫情后一定会更多地流入横店影视城。

## 2. 转换新赛道,在旅游之外的新市场寻找新商机

"上帝关上一道门的同时,也会打开一扇窗。"旅游企业单纯做旅游市场,在疫情中已经看得到天花板和脆弱性。"不要把所有鸡蛋放在同一个篮子里",旅游企业在 2021 年应该积极探索"转换赛道",切入到新的市场中"淘金"。2020 年 5 月 30 日,由上海季高集团首家自主设计、投资建设、运营管理的户外亲子乐园项目——季高兔窝窝亲子园在上海国际旅游度假区正式开业。这是文旅行业为数不多的在疫情中新开业的项目。2020 年首年度 7 个月的经营期,季高兔窝窝亲子园入园人数

超过 30 万人次,营收超过 3000 万元,其中年卡销售了近 2 万张,年卡收入超过千万元。有别于封闭的室内乐园,兔窝窝亲子园以户外体验性、游乐型、科学性项目为主,在疫情中对亲子家庭市场的吸引力反而增加了。季高集团切入亲子研学市场,厦门建发国旅集团切入本地生活市场,浙江中旅集团切入职工疗休养市场,携程和驴妈妈果断拥抱旅游直播,这些探索为企业生存发展赢得了先机。

"物竞天择,适者生存。"面对充满不确定性的 2021 年,故步自封、被动等待的旅游企业将被市场无情地淘汰;快速行动、创新求变的旅游企业将会活到最后,凤凰涅槃。

（原文发表于 2021 年 2 月 18 日《执惠》）

# 2021:疫情助推旅游业多元化发展

2020 年突如其来的疫情给旅游业带来了前所未有的冲击。随着我国疫情的有效防控,国内旅游市场逐渐复苏,旅游消费者也习惯了戴着口罩出行的旅游新常态。

展望 2021 年,接受《中国经济时报》记者采访的业内人士认为,国内旅游市场保持稳定复苏态势有较高的确定性,旅游消费开启"内循环"模式。国际旅游市场则要看 2021 年全球疫情演变情况。而旅游企业则开始寻求多元化发展之路。

## 一、疫情防控常态化下 旅游行业迎来新变化

"以国内旅游大市场为基础,国内旅游经济大循环的格局正在形成。"中国旅游研究院副院长李仲广告诉记者,文化和旅游融合、数字化新技术、新基建产业政策等奠定了我国旅游经济供给侧改革的新动能。

北京第二外国语学院旅游科学学院院长谷慧敏在接受记者采访时表示,2020 年疫情深刻影响了旅游业的发展,也使旅游业产生了一些新变化。一是国内旅游消费升级,带动旅游产业由价格竞争向品质竞争变化;二是旅游产业数字化转型进一步加快;三是本地化休闲旅游市场蓬

勃兴旺。新兴的运动休闲、网红文化打卡等将成为新增长点；四是消费者对旅行中的公共卫生安全、绿色生态等更加关注，对旅行交通工具的清洁消毒和防疫标准提出更高要求，进一步提升对旅游供应链体系安全新的要求和高标准；五是疫情与地缘政治动荡导致的国际旅游短期下滑和内需牵引将给我国旅游企业和品牌市场竞争提供窗口期；六是乡村振兴战略的实施会进一步促进农旅深度融合发展，传统乡村旅游将从传统小农经济向集约化和品质化发展，进入新乡村旅游 3.0 时代。

马蜂窝旅游联合创始人、CEO 陈罡对疫情之后旅游市场变化的判断是重视旅游安全、发掘小众秘境和重视极致体验。2021 年，这些市场趋势仍将得到延续。

## 二、2021 年国内旅游业增长强劲

"尽管旅游业受到外生性的冲击，但长期发展的内生动力仍然强劲。在防疫常态化下，2021 年中国内需旅游市场会更加健康理性和繁荣，通过本次危机浴火淬炼生存下来的旅游产业的韧性也会更加强劲。"谷慧敏表示。

景域驴妈妈集团副总裁任国才认为，受制于世界主要经济体和中国周边国家及地区经济增长疲软的影响，中国的入境旅游在未来几年内会很艰难，入境旅游复苏和增长乏力；由于世界新冠肺炎疫情的不确定性，中国公民出境游的需求难以释放，明后年出境游复苏依然有较大困难。2019 年，中国游客在海外消费有 2 万亿元人民币，受疫情影响及国际形势变化，未来几年，这个 2 万亿元境外旅游消费将"出口转内销"，国内旅游迎来难得的发展机遇——"旅游内循环"，在国内新冠肺炎疫情控制总体稳定的形势下，预计 2021 年国内旅游将迎来 V 形反弹，产生新一波的旅游增长。

同程旅游相关负责人告诉记者，在新一轮信息化革命浪潮中，旅游消费、旅游产业的数字化将是大势所趋，从基础设施到具体的旅游产品都能看到这些改变，服务的效率将有质的提升。此外，随着旅游消费的日益大众化和多样化，异地的旅游观光将被本地化的休闲消费取代，围绕本地化的产业构建和产品创新将进一步激发消费需求的释放，从而创造出更多新的机会。

李仲广认为，旅游消费是综合性消费和最终消费，旅游业的发展有利于激发国内消费需求，促进国内经济大循环。

## 三、旅游企业向多元化发展

2020年旅游企业全年业绩预计以亏损为主，亏损局面或将延续至2021年上半年。谋求自救的旅企开始寻求多元化发展之路。

马蜂窝旅游研究中心负责人冯饶告诉记者，后疫情时代，旅游企业一边艰难求存，一边被迫转型。受疫情影响，在出境游业务几乎归零的情况下，出境游商家将境外的优质产品思维带回国内，传统包机、包船、包车的资源型供应商重新审视资源，设计产品，重视服务质量、品牌建设和产品创新，以适应新的市场需求。这对旅游业的中长期发展也是一件好事。

"传统旅游企业要向数字化发展，线上企业和数字化平台要向内容创造和消费场景转型，线上线下互动，共同促进智慧旅游发展。"李仲广表示。

任国才介绍，疫情之下驴妈妈旅游网果断转型，一方面加快旅游产品转变，拓展销售产品品类；另一方面加快旅游营销转变，主动拥抱旅游直播。

在冯饶看来，游客的需求始终是"玩得好"。随着旅游业态的不断发展和主流客群的代际变化,人们对"玩得好"的核心定义逐步从"抵达"转向"深度体验",年轻游客的个性化需求呈现出规模化发展的趋势。对于整个旅游供应链来说,如何快速深刻地理解这些时刻处于变化中的消费需求,如何通过优化资源配置和创新产品设计来满足人们不同的旅行梦想,是目前产业链的关键任务。

（原文发表于 2021 年 1 月 8 日《中国经济时报》,记者:李晓红）

# 2021 年"五一"假期旅游复苏势头强劲

万众期待的"五一"黄金周假期正式启动。假期第一天的全国旅游情况如何？

首先看交通，来自中国国家铁路集团有限公司的统计显示，5 月 1 日，全国铁路发送旅客 1882.6 万人次，创铁路单日旅客发送量历史新高，较 2019 年同期增长 9.2％。沈阳局、北京局、西安局、上海局、乌鲁木齐局等多个集团公司刷新单日旅客发送量纪录。公路方面就一个字——堵：上海、杭州、北京、广州等绝大多数城市都呈现出车流集中拥堵，不同于往年，堵车时间出现大幅提前和延后的情况，堵车时间从 4 月 30 日中午一直持续到 5 月 1 日晚上。G40 沪陕高速的上海市区往崇明方向从 4 月 30 日中午开始一直处于拥堵状态，持续时间已超 20 小时。5 月 1 日，全国公路预计发送旅客 3600 万人次，民航预计发送旅客 189 万人次。这些数据意味着国内铁路、公路、航班客流量超过了疫情前水平，交通已经实现了全面复苏。

再来看景区，全国各个旅游景区景点普遍开启了"人从众"模式。杭州进入最热门目的地 TOP5，西湖位列最热门旅游景区榜首。5 月 1 日上午 10 点，断桥客流量已经达到了第一个高峰，开始实行限流和分流，5 月 1 日全天西湖景区接待客流量 41.01 万人次。上海外滩、北京南锣鼓巷、重庆洪崖洞、成都大熊猫基地、南京夫子庙、洛阳龙门石窟、西安兵马俑、山东泰山、瑞金共和国摇篮等热门景区,5 月 1 日全天都是人山人海。5 月 1 日晚上,在陕西西安大雁塔北广场,数万游客排成贪吃蛇队形,围着栏杆等待音乐喷泉表演。从大多数旅游景区数据来看,旅游景区接待的游客量已经接近或超过 2019 年同期。

最后看酒店,酒店的关键就是一个字:贵。"五一"假期的酒店价格涨幅明显,很多游客惊呼价格贵到"离谱"。很多快捷型酒店平时价格 200 多元,五一房价涨到 500－800 元,厦门岛平时 200 多元的快捷酒店"五一"价格超过 1000 元;很多四五星级的酒店"五一"房价达到 2000－5000 元/间,普遍比平时价格上涨 3 倍以上。即使这样,依然一房难求。从 OTA 平台预订数据和酒店接待数据来看,酒店接待的游客量已经全面恢复到 2019 年同期。

"明知人挤人,偏往人里挤。明知路上堵,还要出门游。明知价格贵,还要去奉献。"5 月 1 日旅游统计数据反映出的"补偿式"休假、"报复式"出游特征明显。中国拥有全球最大的国内旅游市场,在中国 14 亿人口、8 亿多城镇居民(2020 年中国常住人口城镇化率超过 60%)、4 亿中产阶级人口中,旅游已经成为很多城市居民的刚需。

火山喷发是自然界的规律。预警和管控得好,火山喷发是一道美丽的风景;没有预警和管控,火山喷发很可能是一场灾难。五一长假出游就是中国国内旅游的一次"火山喷发",一方面反映出旅游复苏增长形势喜人,另一方面则暴露出交通预警和现场管理的不足,中国高质量旅游仍然"路漫漫其修远兮"。

得益于文旅部在节前出台"无预约,不参观"的规定,5 月 1 日各地旅游景区接待人次很好地控制在景区最大接待容量之内,全国旅游景区没有出现踩踏等安全事故。随着大数据技术的日益成熟和居民预约习惯的逐步养成,高速公路是否可以借鉴旅游景区,逐步推进"先预约,再上路"？这样，既能让驶入高速公路的车辆控制在高速最大容量之内，又不至于让游客把宝贵的假期时间浪费在高速公路的拥堵中。国家有关部门和企事业单位能否尽快推进和落实职工带薪年假制度？而对于游客而言，经过多年黄金周旅游拥堵和"昂贵"的教训，选择错峰出游、错位出行是最明智、最现实的决定。

（原文发表于 2021 年 5 月 2 日《执惠》）

# 2021 年暑期"就地休闲"的新特征和新应对

在传统旅游旺季的暑期中场时间,国内旅游业再一次遭遇新冠肺炎疫情的"狙击"——自 7 月 27 日以来,全国部分地区出现局部聚集性疫情,为了严防新冠肺炎疫情通过文化和旅游途径传播扩散,文化和旅游部近日下发通知,调整跨省旅游活动管理政策,实施动态管理,"就地休闲"时间再次来到。与春节寒假"就地过年"相比,暑期"就地休闲"出现了哪些新特征,文旅企业对市场变化有哪些预判和实际应对举措?

## 一、专家研判:暑期"就地休闲",正视当前需要

暑期新冠肺炎疫情的反弹,让许多家庭的暑期出游计划被迫暂停,"就地休闲"成为暑期下半场的新风向。

在北京联合大学中国旅游经济与政策研究中心主任、中国旅游协会休闲度假分会秘书长曾博伟看来,本轮疫情影响下,"就地休闲"特征更为突出。"之前除了本地周边游,很多游客也会选择前往低风险的西部、海南等地休闲度假。当前,由于'德尔塔'病毒的传播性更强、危害性更大,游客对选择远距离休闲度假会有更多顾虑,加上西部一些地区的疫情管控举措趋严,各方面因素叠加,让近期休闲度假的本地化特征更趋

明显。"曾博伟说。

中国社科院旅游研究中心秘书长金准认为，当前近城市场复苏程度远远大于远端市场，不过远程旅游的需求并没有消失，休闲度假型消费复苏远远大于观光型消费，亲子家庭型旅游休闲消费一枝独秀，反映出复苏的冷热高度不均以及市场集中度的提升。

"一方面，在国内本轮疫情发生前，国内旅游业恢复发展形势向好，很多研究机构和文旅企业对今年旅游业的发展持乐观态度，但从文化和旅游部此前公布的数据看，2021年上半年，国内旅游总人次18.71亿，国内旅游收入（旅游总消费）1.63万亿元，已分别恢复至2019年同期的60.9%、58.6%，跟预期还有一定差距；另一方面，借鉴民航系统国际客运航班熔断措施，在文化和旅游部发出通知后，各地陆续建立跨省游熔断机制。在此轮疫情影响下，国际跨境旅游今年开放的可能性也微乎其微。"曾博伟认为，对于一直在疫情影响下煎熬的文旅企业来说，由于市场端多个不利因素叠加，其经营的不确定性将加大，对文旅企业掌舵手及从业人员的心理冲击也将更强。

在需求端，疫情让部分游客的收入水平受到一定冲击，其出游频次和消费水平也会相应打折扣。更重要的是，旅游供给端的生产力受到了实实在在的打击，很多旅行社、OTA（在线旅游机构）人才流失严重，很难在市场情况好转时迅速恢复供给能力，这需要一个过程。"文旅企业可能需要做好长期跟疫情做斗争的思想准备。"曾博伟说。

对于上半年国内旅游业的表现，金准认为，当前人均消费的修复显著慢于旅游人次的修复，企业效益的修复显著慢于企业现金流的修复，这意味着旅游行业正从流量型的焦虑转向质量型的焦虑，在"硬扛"的过程中转型仍是这一阶段的发展主线。

对于"十一"黄金周和下半年旅游市场的走向，曾博伟认为，当前疫情防控形势向好，目前多地宣布9月1日大中小学正常开学，这是一个积极的信号,"十一"黄金周的旅游市场还是值得期待的,但是也要注意政策的延续性,疫情防控管理的政策措施不能放松。

金准认为,目前我国旅游业总体进入轮次修复状态,虽然疫情时有反复,但每一次疫情形势向好后的假期,往往都带来比前一轮更强的修复动能,旅游人次越来越高,出游半径越来越大,各类业态依次复苏,旅游消费也逐步提升。旅游内循环的基底已经形成,但仍有较大发展潜力。家庭、户外旅游休闲成为发展主力,下一阶段旅游业的复苏和革新,要充分考虑这两块市场的结构和潜力。

## 二、企业应对:筑牢防控"生命线",锚定需求,发力供给

遭遇两次假期"就地休闲",经历数次大起大落,面对即将到来的"十一"黄金周,各类旅游企业有怎样的预判、期待和实际准备?

从退订潮走向预售潮。

"记得那个周五,疫情防控突然变得紧张起来,我和家人商量后,当即取消了周末北戴河的酒店,还好平台免费给退了。"北京白领苏琪说,北京市政府随后发出非必要不出京的倡议,并加强了疫情管控举措,他们一家后来去了延庆,抓住暑期游的尾巴休闲放松一下。"好在延庆风景宜人,所住的民宿还有一个泳池可以玩水,弥补了不能去海边休闲度假的遗憾。"她说。

苏琪的经历是需求端的缩影。突然来袭的"德尔塔"病毒,给暑期跨省游刮来阵阵寒风。据相关数据统计,受此前台风、暴雨灾害天气以及本轮疫情影响,此次全国旅行社的退订率超过80%。

"受疫情局部反复影响,居民休闲度假再次回归本地化,尤其是城市近郊周末'微度假'成为城镇居民主要的休闲方式。户外文旅设施、综合度假区、野生动物园以及其他开放式公园等是人们'就地休闲'的主要选

择。"同程研究院首席研究员程超功认为，随着居民旅游消费需求的日益多元化，48 小时"微度假"正在成为城镇居民度周末的主流需求，这不仅是 2021 年暑期的旅游消费潮流，更是长期趋势。

谈及市场预判，携程研究院战略研究中心副主任张致宁认为，在国内疫情防控常态化背景下，国内旅游市场的各个方面都要与之相适应。短期来看，景区的限流措施将常态化运行，并根据疫情的变化进行适当波动；国内的铁路、民航或将借鉴国际航线的管理经验，采取熔断机制。

旅行社在此轮疫情中受到较大影响，该如何再次翻盘？"实际上，从 7 月开始，很多旅行社就已经启动了'十一'黄金周的产品预售，在本轮局部疫情期间则通过实施更加宽松的预售政策继续远期预售。一方面，参考去年的经验，大部分旅行社通过制定较为宽松的退改政策（例如，如遇疫情等不可抗力可无损退等）和较大幅度的折扣吸引用户提前预订；另一方面，在去年的经验基础上，旅行社继续主推小团定制、家庭团等创新产品，既有利于疫情防控，又满足了用户对于旅行安全的更高要求。在产品结构上，大部分旅行社适当降低了长线产品的比例，提高了周边及中短途产品的比例，并针对本地度假需求做了一些创新产品尝试。"程超功说。

预售同样成为 OTA 近期的热词，持续为旅游市场注入新动能。

同程旅游就联手快手平台头部主播，以"直播带货"形式进行"随心游"旅游产品预售，通过"预约未来旅行"的玩法助力解决疫情之下的市场困境。同程集团副总裁，同程旅业、同程国旅 CEO 滕薇薇表示："线上直播与产品预售的有机结合，将进一步盘活行业资源，持续推动线上消费升温。此外'随心游'相关产品将有效推动游客错峰出行，减少人员聚集，释放消费者新一轮的旅游需求，助力疫情平稳后的行业复苏。"

"我们希望此轮疫情冲击后，携程能继续扮演激活市场的角色。"携程相关负责人表示，疫情对我国旅游业的周期性影响短期内不会改变，旅游市场复苏需要一个循序渐进的过程。为此,携程在近日启动了为期一个月的旅游囤货节活动,联合近百家商户共同推出涵盖酒店、美食、度假等的预售产品。

"在旅游市场回暖期,携程发起规模化预售,希望成为市场解冻期的复苏'催化剂',从供需两端稳住继续旅行的信心。"携程研究院战略研究中心高级研究员沈佳旎表示,在用户已有"囤旅行"消费习惯的基础上,预售产品不仅为用户疫后出行提供优惠,其产品特有的随时退、过期退、无损退的保障措施,也将让旅行更安心。

## 三、念好"六字诀",发力新供给

走进北京欢乐谷,华侨城大剧院、失重星球·蹦床馆以及嗨夏电音节等室内影院类项目已经处于暂时关停状态,各类大型主题活动已经停办。入园前线上预约、限流错峰已成常态,入园时"戴口罩、核验码、测体温"等措施有条不紊。

作为国内主题公园行业的翘楚,欢乐谷集团最新公布的 2021 年上半年经营数据显示,全国 9 家欢乐谷整体接待游客人次较 2019 年同期增长 6%,营业收入较 2019 年同期增长 29%。欢乐谷集团将复苏成效显著归功于通过打造现象级产品,不断丰富产品业态,提升服务品质,逐步构建起年青一代喜闻乐见的夜晚潮流文化和休闲方式。

欢乐谷集团相关负责人认为,伴随各地疫情形势逐渐向好,加之中秋、国庆等旅游节假日利好,旅游业实现"重新爬坡升级"仍然机遇可期。同时,伴随疫情防控常态化,行业格局面临深度调整,旅游半径不断压缩,中长线旅游向短途旅游回撤,省内游、本地游、周边游等成为主流,体验、休闲、文化类景点更受青睐,各地欢乐谷将抓住城市游这一半径最短的旅行方式,深挖本地市场,推进文旅深度融合,用"主题＋旅游"的方式为游客送上一场欢乐盛宴,力争实现游客接待量恢复甚至超越 2019 年同期水平。

景域驴妈妈集团副总裁任国才调查发现,以上海游客为主力客源的湖州市旅游景区和宾馆饭店的游客接待量、出租率、客单价出现较大幅度的下降;而以上海市民为主要市场的崇明区,暑期接待游客数量不减反增,呈现人财两旺的局面,两地旅游市场"冰火两重天"。"由于跨省游的限制,绝大多数游客停留在当地省区市休闲。由于很多室内文化和旅游场所的限流、暂停、关闭,相当比例的游客选择在本省区市的近郊、乡村、户外旅游。"任国才说。他表示,疫情防控专家认为,一段时间内,国内疫情还将面临境外输入或者本土病例的挑战,但只要实现了疫情防控常态化与专业化应对,人们的生活也会恢复正常。因此,从现在到"十一"黄金周,疫情有较大概率在局部地区出现反复,将对 C 端(游客端)业务持续带来冲击和影响,但对 B 端(公司端)业务和 G 端(政府端)业务可能会增加新的业务机会。

"预约、限量、错峰"仍是景区经营要念好的"六字诀"。欢乐谷集团相关负责人表示,面对即将到来的中秋、国庆等旅游节假日,各地欢乐谷把疫情防控作为首要任务来抓,通过延期部分演出、暂停开放部分场馆等举措,积极配合当地政府的疫情防控工作,全面落实全员疫苗接种、健康测温、消毒消杀,保障防疫物资储备,预防游客和员工感染事件,筑牢疫情防控安全线。

与此同时,各地欢乐谷将立足"都市繁华开心地"发力新产品、新业态、新供给。据北京欢乐谷相关负责人介绍,围绕 2021 华侨城文化旅游节,北京欢乐谷在"十一"黄金周期间将推出街头艺术节。红歌快闪、欢庆歌舞、嘻哈街舞、国潮戏法、高超杂技、艺术穿搭等小规模、多场次的沉浸式表演极具参与性及观赏性。电音元素也将再次出现在"十一"黄金周。

　　"景域驴妈妈集团已经做好了充分的思想准备,并制定了针对性的应对预案。"任国才介绍,驴妈妈旅游网向驴妈妈会员重点推广和销售都市近郊游、户外运动游、生态体验游、家庭自驾游等"轻度假""微度假"旅游产品,鼓励和引导会员"就地休闲"。奇创旅游集团则重点推进"规、投、建、运"一体化合作模式,与旅游目的地企业一起合作,解决"规划不为投资负责、投资不为运营服务"的传统弊病,提高旅游运营的效率和旅游投资的效益。奇创旅游集团与驴妈妈旅游网线上线下协同作战,集中策划规划、业态导入、品牌营销、渠道销售的资源和能力,帮助旅游目的地稳步复苏。

　　以奇创旅游集团全域旅游整体运营合作项目广西壮族自治区崇左为例,通过运营前置和规划引领,兄弟公司驴妈妈渠道送客,奇创旗下营销公司策划重要节日及常规化主题活动营销,重点项目崇左太平古城开街 8 个月以来,累计游客接待量已突破 200 万人次,成为崇左新晋网红打卡地。

## 四、锚定本地需求,加速提档升级

　　8 栋独立乡村小院围绕中央绿地广场依次排开,背倚苍山,面面相望。棕墙黛瓦、单坡斜顶到地的设计,远观仿若头戴斗笠、低头冥思的仙风道骨的老者,又像是山体走势的自然绵延,克制的留白使其与自然形成了一种曼妙的和谐……8 月初,隐居乡里 2021 年开业的第四个项目"师傅的山"精品民宿在湖北武当山下开门迎客。

　　近年来,面对市场的度假休闲、康养安全、极致个性等需求,打磨更精细的民宿已成为旅游目的地吸引游客的重要手段。在本轮疫情中,以外地旅游客源为主的民宿受到严重打击,而深耕本地市场的特色城市民宿和乡村民宿却逆势发展,相关配套设施及服务品质也在提档升级。

"这轮疫情对隐居乡里影响不大,反而在限制跨省游之下,我们京郊的民宿一直满房,生意更好了。因为大家都有出行度假的需求,远距离无法出行,只能选择近郊。今年4月开业的江苏常州稻田理想项目和陕西留坝楼房沟项目受南京、西安等地疫情影响较大,退订较多。"隐居乡里营销总监任涛介绍,隐居乡里目前在全国运营的乡村文旅项目有23个,包括山楂小院、姥姥家、麻麻花的山坡、楼房沟等知名品牌。2021年上半年,隐居乡里实现营收超过3000万元,同比增长10%。

任涛表示,2021年是"十四五"的开局之年,也是脱贫攻坚与乡村振兴有效衔接的起步之年。由于锚定周边游市场,隐居乡里自新冠肺炎疫情发生以来逆势发展,下半年的业务扩张正稳步推进,还将有3个新项目陆续在四川、河南和河北开业,预计届时投入运营的村落将超过30个,精品度假小院将达200多家。

"疫情对休闲度假市场的影响是暂时性的。无论是北京还是西南、长三角,秋天都是一个特别适合出行的季节,只要疫情形势向好,就会激发人们的出游意愿。但受各种因素影响,大家选择跨省游的积极性和主动性还不会太高。"因此,任涛十分看好下半年的本地休闲度假市场,这也正是隐居乡里一直深耕的领域。为此,隐居乡里正在积极策划秋收、秋色等主题活动,主打采摘农副产品、农事体验和观赏北方秋天的美丽景色等度假产品。

(原文发表于2021年8月21日《中国文化报》,记者:鲁娜)

# 2021 年国庆假期旅游市场分析总结

2021 年国庆假期，是 2021 年最后一个、也是"最热"的假期！"最热"有三重含义：一是国庆天气"炎热"，全国很多省份的平均气温创下了历史同期新高；二是电影市场"火热"，《长津湖》领衔创下了中国电影国庆档票房多项纪录；三是旅游市场"热闹"，热门旅游目的地和重点旅游景区出现久违的游客暴增，著名品牌酒店和主题民宿一房难求。

## 一、出游数据环比增长但同比下降，旅游市场复苏路漫漫

一直以来，工业用电量都是工业领域的重点经济指标，也是判断经济形势的一个重要依据。所谓工业用电量，就是以一定时段内工业用电量数值，衡量一个地区经济发展速度的快与慢、总量的多与少。对于经济发展主要有三个衡量指标：工业用电量、铁路货运量和银行中长期贷款，通过三个指标的结合来判断经济运行的形势。因此，经济学界往往将工业用电量看作经济运行的"晴雨表""风向标"。

旅游行业的经济本质是"人流经济"，即由游客的流动产生吃、住、行、游、购、娱等各种消费行为而形成的综合性消费链和上下游服务链。

如果工业用电量是工业经济的"风向标"，交通出行数据则是旅游经济的"风向标"、反映旅游市场复苏的"晴雨表"。

从交通出行数据来看，2021年国庆假期发送旅客总量少于2020年国庆黄金周，比疫情前的2019年国庆黄金周少了近三成。为什么？主要原因有以下几条：学校政策控制甚至限制学生假期跨省游，导致中小学生旅游客流大幅减少；国庆前及国庆期间新冠肺炎疫情在局部地区暴发（如福建厦门市、莆田市，黑龙江哈尔滨市、绥化市、北林区，新疆伊犁州霍尔果斯市、伊宁市，澳门特别行政区），导致往返以上地区的旅游客流大幅下降；宏观经济增长速度延缓导致城乡居民可支配收入增长缓慢，加上对未来收入的预期下降，旅游消费欲望和消费信心不足。以上原因导致2021年国庆黄金周旅游出行总量下降，"旅游市场蛋糕"相比2020年、2019年缩小了，旅游市场复苏尚未达到2020年同期水平，距离2019年疫情前旅游高峰尚有不少差距。

## 二、旅游目的地冷热不均、旅游接待呈现"冰火两重天"

### 1. 旅游景区

10月1日，国庆假日首日，上海南京东路步行街游客熙熙攘攘，外滩景区更是人山人海，在南京东路至外滩的十字路口，重现拉链式的交警人墙指挥交通模式。笔者朋友从南京东路地铁站步行至外滩观景平台，平时只需步行10分钟的路程结果花了1个小时。10月1日晚和10月2日晚，泰山风景区官方微博连续2天发布《关于暂停销售夜间时段门票的通告》，通告称，10月1日16时至10月2日5时的门票预约数量已经达到岱顶最大瞬时承载量1.9万人的临界值。在四川成都大熊猫繁育研究基地、西岭雪山、都江堰、青城山、洛带古镇等地，10月1日当天游客早早排起了长队,游客接待量都达到最大承载量。九寨沟景区于9月28日恢复全域开放,10月1日至3日,每天接待游客量几乎都达到了最大承载量4.1万人次。江西上饶市葛仙村度假区10月1日至5日,每天接待游客量超过3万人次;2021年新开业的景德镇市高岭·中国村景区,10月1日至4日四天入园人次超11万。

也有不少著名5A景区2021年国庆假期的客流量不及2020年同期甚至出现较大幅度的下降。杭州西湖景区10月1日游客接待量32.62万人次,比2020年下降4.67%。10月1日,西安秦始皇兵马俑博物馆出现"导游比游客多"的惊人现象,游客接待量远低于2020年10月1日。贵州黄果树景区国庆假期前3天的游客接待量只有2020年同期的50%左右。10月4日晚上,浙江乌镇景区创始人陈向宏在个人微博上发文说,乌镇旅游迎来久违的小高潮,但比起疫情前的高峰,还未恢复到五成。安徽黄山景区10月1日游客接待量只有7000人次,10月2日起每天游客接待量超过2万人次,而黄山景区日最大承载量达到5万人次。9月20日正式开园营业的北京环球影城,开园前已经积累了巨大的关注度和影响力,但国庆假期日游客接待量不到3万人次,远未达到日最大游客承载量。上海迪士尼乐园国庆假期日游客接待量不超过4万人次,相比2019年国庆假期日均接待游客6万~7万人次还有不少差距,低于企业的期望和行业的预期。

306家5A景区是中国旅游景区的"头部"方阵,全国3000多家4A级景区和数万家3A级及以下景区的国庆假期游客接待量情况如何?贵州铜仁朱砂古镇景区,受到旅游团队数量锐减和中小学生跨省游限制的影响,国庆假期接待游客数量只有2019年同期的50%,幸好景区内多个酒店和二消项目生意火爆,总体营收与2020年同期基本持平。笔者抽样访谈几十家旅游景区负责人后了解到,多数4A或3A级景区的2021年国庆假期游客接待量不及2020年中秋国庆假期,远低于2019

年国庆假期。

　　除了不同等级的景区出现冷热不均外，不同区位的景区也呈现"冰火两重天"。以本市居民为主要客源的大城市近郊型景区，游客接待量明显好于以外地游客为主要客源的旅游景区。2021年国庆假期，位于上海市青浦区的东方绿舟景区（4A级）游客接待量超过2020年和2019年同期；位于上海国际旅游度假区薰衣草公园内的季高兔窝窝亲子园（没有评A）日游客接待量接近1万人次，90%以上为上海市亲子家庭客群。位于杭州市富阳区的小六石乐园（没有评A），每天接待的杭州市区及周边区县游客络绎不绝，日接待量超过1.5万人次。

## 2. 酒店民宿

　　根据湖州市文化和旅游局汇总的酒店接待数据，喜来登温泉度假酒店（月亮酒店）、太湖君澜温泉度假酒店、开元芳草地乡村酒店、松鼠部落酒店、1168星空天文酒店、红木房雅阁璞邸酒店、南浔江南庭院酒店等高星级品牌酒店在10月1日至6日100%满房；慧心谷、尚隐·如归等高档民宿国庆假期100%满房。千岛湖区域唯一的白金级民宿——"鱼儿的家"国庆假期一房难求，除了10月6日有少量空房外，1日至8日其他天数100%满房，客房入住率好于2020年、2019年国庆黄金周。

　　君澜酒店集团负责人向笔者表示，国庆期间君澜酒店集团经营业绩喜人，但很多其他同行业酒店的经营却远远没有迎来预想中的消费大幅爆发，主要原因是家庭对于跨省中长途旅行抱以谨慎的态度。与之形成鲜明对比的是，各种假日郊游、城市逛街和中短途近郊度假旅游同比上涨约30%。以广州黄埔君澜酒店为例，入住率从10月1日一早就开始直线攀升，国庆期间酒店几乎处于全满房状态，单房收益均保持在1000元以上。北京五矿君澜酒店国庆假期数据均有大幅度增加，主要是酒店根据年轻人市场需求打造通航馆、电竞馆等新产品，这些高附加价值的新产品提升了平均房价与综合收益。湖州太湖君澜酒店国庆假期基本满房,单房客单价在 1000 元以上,重点客源是浙江和苏南城市的休闲度假客群。

## 三、2021 年国庆假期旅游与 2020 年的纵向对比

笔者在 2020 年 10 月 9 日撰文《透过黄金周数据看中国旅游:机遇挑战与前景预测》,当时内地新冠肺炎疫情已经得到有效控制,中秋国庆黄金周期间接待游客 6.37 亿人次,按照可比口径同比恢复 79%。与之形成鲜明对比的是,香港当时仍处于疫情反复期,2020 年中秋国庆黄金周香港接待内地游客的数量只有一两千人,从疫情前游客熙熙攘攘的亚洲旅游之都一下子沦落为游客避而远之的空城。笔者对中国旅游前景提出预测:

● 中国旅游基本面总体稳定,国内旅游发展潜力巨大,复苏势头强劲;

● 旅游市场端:"预约旅游"成为新常态,旅游消费日益理性和成熟;

● 旅游供给端:优质产品和服务受到追捧,供给进入分层、分级、分类阶段;

● 旅游渠道端:传统旅游渠道将被淘汰,新的旅游渠道正在涌现。

对于中国旅游而言,新冠肺炎疫情让传统旅游企业遭受巨大的冲击,很多传统旅游企业将被淘汰,很多传统旅游服务人员收入锐减甚至失业,同时,新冠肺炎疫情也带来全新的市场机遇,"出境旅游转为国内旅游"进一步扩大了国内旅游市场规模,提升国内旅游市场需求档次,让优质旅游供给得到市场的更多认可,创新型旅游企业因此得到快速发展,通过市场倒逼供给侧改革,旅游行业推陈出新,在变革中取得新的

发展。

2020 年的四点预测,在 2021 年得到了验证。相比 2020 年国庆黄金周,2021 年国庆假期中国旅游市场呈现出两个新的特征:

## 1. 省内游比例大幅提高,跨省游比例大幅减少

根据千岛湖"鱼儿的家"民宿的游客接待数据,2021 年国庆假期"鱼儿的家"民宿的接待游客中,浙江省内游客占 90％以上,上海游客比例下降到个位数,"省内游、市内游"为主的特征非常明显,"旅游内循环"圈子进一步收窄。

## 2. 亲子家庭和亲朋好友小团体客群成为旅游客群主体

根据多家景区、酒店、民宿反馈的数据,在接待的游客中,家庭合家欢(2 大 2 小或 2 大 1 小的亲子家庭＋爷爷奶奶或外公外婆)和亲朋好友小团体是主要客源群体,由旅行社组织的旅游团数量出现断崖式下降,很多酒店和民宿接待的旅游团数量为零。

# 四、中国旅游发展趋势预测

## 1. 疫情反复导致政策变动加剧,中国旅游发展进入"震荡恢复期"

利好的一面,中国经济总量稳居全球第二,2020 年在全球主要经济体中唯一实现经济正增长(＋2.3％)。国家统计局数据显示,2020 年中国 GDP 总量首次突破 100 万亿元,达到 101.6 万亿元,人均 GDP 达到 72447 元,连续两年超过 1 万美元。2021 年上半年,全国居民人均可支配收入 17642 元,比上年同期名义增长 12.6％,扣除价格因素,实际增长 12.0％,比 2019 年上半年增长 15.4％,2019－2020 年两年平均增长

7.4%。世界银行发布报告预测,2021年中国经济增长预计达到8.5%。宏观经济增长将推动城乡居民可支配收入稳中有升和个人消费需求复苏。旅游正在成为都市中产阶层人群的刚性需求和中国人民"美好生活"需求的重要组成部分。中国作为全球第一大国内旅游市场的地位没有变,中国旅游市场的基本面总体向好。

不利的一面,主要是疫情反复对旅游出行的影响。从2020年至今一年多时间,美国、日本、英国、法国等全球主要经济体新冠肺炎疫情控制不力,病例数量还在持续增长,缅甸和越南(连续多年位列中国入境旅游客源国第一、第二名,但主要是边民出入,不足为凭)的全民疫苗注射还没有普及,加上德尔塔变异病毒的蔓延,2022年乃至2023年,中国的出入境旅游将依然受到严格限制,从事出入境旅游服务的企业依然处于"冰河期"。国内随着全民接种疫苗、疫情防控能力和病例治疗能力不断提高,旅游出行总体上越来越安全,但新冠肺炎疫情在局部反复存在大量的不确定性,一旦出现病例,在"安全压倒第一"的政策环境下,局部地区旅游将马上进入"停顿期"。

总体向好,局部反复,中国旅游将进入"震荡恢复期"。游客接待能否恢复到疫情前水平、什么时候可以恢复到疫情前水平,中国旅游复苏道路还有诸多不确定因素。

2.优质旅游供给供不应求,优先享受到旅游市场复苏的红利

高端酒店和精品民宿出现高品质—高价格—高接待量/高出租率的良性态势,旅游市场对品质和品牌的需求不断强化,优胜劣汰进一步加剧,促使旅游目的地和旅游企业需要不断进行产品改造升级和服务升级换代,通过高质量旅游供给来满足旅游市场需求。

3.旅游新业态、新项目、新玩法受到旅游市场追捧

旅游市场细分化趋势越来越明显,面向家庭客群的房车营地、面向

运动人群的体育旅游、面向孩子的研学旅游和亲子旅游、面向年轻人的汉服秀和剧本杀游戏场景越来越受欢迎,促使旅游目的地和旅游企业要重新策划定位、瞄准目标客群、迭代更新产品。君澜酒店国庆期间入住率之所以大幅增长,得益于近年来集团及时调整定位,确立以度假酒店为先导的君澜度假圈打卡式复购的目标。

4. 旅游目的地的竞争,不仅仅是产品和项目的竞争,更是在争夺游客的有限关注度,争夺游客一年中有限的旅游时间

因此,旅游品牌形象和旅游营销推广变得越来越重要。以浙江省湖州市为例,国庆假期酒店和民宿接待数据之所以出现"连续满房""一房难求"的现象,除了湖州度假产品质量过硬、度假产品类型丰富外,更重要的是湖州市多年来高度重视旅游目的地品牌建设,从打造"中国乡村旅游第一市"旅游形象,到打造"在湖州看见美国中国"城市品牌,再到全新策划推出"湖光山色 度假之州"品牌形象;同时,湖州市旅游营销投入有专门的预算,湖州市委宣传部、湖州市城市品牌专班、湖州市文化和旅游局从不同角度和维度宣传推介湖州旅游,每年投入经费超过亿元;最后,湖州市不断创新营销手段,联合驴妈妈、携程、同程、小红书等主要OTA平台以及湖南卫视、浙江卫视、上海卫视等各大综艺栏目,开展节庆营销、网络营销、渠道营销、跨界营销等多种方式推广湖州旅游。

笔者一位做手机销售的好友在国庆前与笔者聊天,聊到各自行业的发展历程和未来展望时,好友这样说:"手机行业是高度市场竞争的行业,每个手机企业每一年甚至每半年要推出新产品,否则过去再牛的企业(如诺基亚),也会被市场无情地淘汰。从2007年1月9日推出第一代iPhone 2G至2021年推出iPhone13,美国苹果公司在十四年时间已经迭代更新了十五代iPhone手机产品。美国的苹果,韩国的三星,中国的华为、小米、VIVO,无不在产品研发上持续投入,同时持续研究市场

需求变化,特别要敏锐发现和抓住年轻人的需求变化,快速推出新款手机,快速迭代产品形象,才能满足乃至引领市场,成为市场中的强者。反观你们旅游行业,很多景区和酒店的产品已经几年甚至十几年没有更新,服务、品牌、模式也是老样子,以不变应万变,消费者肯定会离你远去,旅游企业亏损乃至消亡是必然的,不亏损不淘汰才是不正常的。"

（原文发表于 2021 年 10 月 9 日《执惠》）

# 疫情防控常态化下的旅游教育①影响评估和应对策略

## 一、疫情防控常态下对旅游人力资源市场的影响

国际跨境旅游：出入境旅游跌入冰点，短期（1－2年）内复苏困难重重；

国内旅游：受到较大影响，呈现明显波动状态；

旅游企业：绝大多数旅游企业"很受伤"，旅游营收大幅下降，多数企业进入亏损状态；

旅游人力资源市场：很多企业出现减薪、裁员等动作，旅游从业人员收入锐减，很多从业人员被迫转行。受影响最大的旅游从业人员有邮轮、旅行社、OTA、航空、酒店、规划咨询机构。影响比较小的有旅游行政管理部门和行业协会。

---

① 本书的旅游教育，重点是指面向未来面向企业就业市场的旅游教育，区别于教学型（未来进入院校当老师）、科研型人才（未来进入研究机构做科研）的教育培养。

## 二、"传达效应"正在影响院校旅游教育

### 1. 旅游行业"晴雨表"已经影响到旅游用工市场

企业新招聘员工需求萎缩、数量减少；

企业倾向于招聘有经验的员工，不愿意在新员工岗位培育上进行大的投入。

### 2. 旅游教育的影响情况及程度评估

旅游院校毕业生的就业率出现下降。根据多所旅游专业毕业生分析数据，毕业就业率从前几年的 90％～100％下降到 60％～70％；

毕业生就业对口率出现下降。毕业生很多不在旅游企业就业，选择到其他行业（如金融、房地产等）从事简单的岗位；

旅游专业学生的"转学率"（转换到其他专业）正在提高。

## 三、旅游教育的应对策略

### 1. 强化"市场导向"战略，培育适合当前和未来市场需要的旅游人才

旅游院校和旅游专业的培养目标，是为旅游行业输送可塑可用的"旅游人力资源"。

根据市场需求，导游、旅行社、酒店等人力资源需求下降，出现供大于求趋势，要缩减招生规模。针对国家重点扶持和未来市场需求的旅游新型领域，如文化旅游、智慧旅游、康养旅游、亲子旅游、研学旅游、美食

旅游、自驾旅游等领域，提前进行布局和规划，加大针对性旅游教育招生和培养力度。

## 2. 坚持"高质量发展"战略，旅游教育从数量扩张型向质量效益型转变

顺应国家提出的"高质量发展"战略以及旅游行业从"数量扩展型"到"质量效益型"的转型态势，旅游教育也迫切需要走"高质量发展"道路。对于未来的指标导向，招生规模权重应下降，毕业生就业率、毕业生对口就业率、毕业生入职薪资等，应成为重要的衡量指标。

## 3. 加强"供需对接"战略，提前做好供需匹配，培育"毕业即可用"优质人力资源

加强"校企合作""院企合作"，与大型旅游企业集团、旅游细分领域领军企业、成长性旅游企业提前进行合作，针对企业需求定制化培养人才，推行"订单式招生、订单式培养"。

优化师资队伍结构，引进一定比例来自旅游企业界的兼职教授、客座教授、企业导师，把行业的视野和企业的需求带到学校，带给老师和学生，提前做好课程调整和就业准备，实现毕业时就是企业可用的人力资源。

可以推进实施"老师（到企业）挂职"计划和"学生（到企业）实习"计划，让旅游专业的教师和学生走出学校的"象牙塔"，能够实时感受到旅游企业和旅游行业的脉搏，与企业与行业的变迁发展同频。

（原文写作于 2021 年 7 月 11 日）

第二部分　创新变革篇

# 科技赋能夜间旅游创新发展

"让充满烟火气的苏州夜生活热起来、嗨起来、火起来!"作为国内乃至国际著名的旅游城市,江苏省苏州市将发展夜间经济作为提振文旅消费信心的突破口和疫后文旅产业复苏的新动能。2020年4月26日晚,苏州疫后推出的夜经济品牌"姑苏八点半"展现真容,开街当晚吸引人流量达到18万人次。"五一"假期期间,在"姑苏八点半"夜经济品牌的带动下,苏州迎来了消费复苏的良好势头。

进入休闲时代,在观光游发展到休闲游、从"快旅"到"慢游"的过程中,发展夜间旅游,对于延长游客停留时间、提高过夜游客比例,增加旅游综合收入、拉动地方经济发展具有重要意义。夜间旅游更是文化和旅游融合发展的需求新潜力、供给新动能。夜间旅游还有什么新玩法?科技如何赋能夜间旅游创新?

## 一、夜间旅游风起,年轻一代是消费主力

早在2004年,青岛市就出台了加快发展市区夜间经济的实施意见,对以夜间旅游为核心的夜间经济发展进行了积极探索。2006年,杭州市在全国率先揭开了推动夜间旅游休闲发展的序幕。2007年《中国优

秀旅游城市检查标准（2007 修订本）》第八项"城市的现代旅游功能"中的第五条明确提出了"城市夜景与晚间旅游活动"的要求。

2014 年以后，各地对夜间经济发展的推动进入高潮，纷纷出台政策鼓励支持夜间旅游发展。特别是在刚刚过去的 2019 年，各地政府纷纷出台繁荣夜间经济促消费政策。截至 2020 年 4 月，全国发布夜间经济、夜间旅游相关政策规划的城市已超过 40 个。

在中央层面，2019 年 8 月 23 日，国务院办公厅印发《关于进一步激发文化和旅游消费潜力的意见》，其中提出要发展假日和夜间经济，落实带薪休假制度，加强节假日及高峰期交通管理，大力发展夜间文旅经济，建设一批国家级夜间文旅消费集聚区。

除了宏观政策不断加大扶持，中国旅游市场的变化，也为夜间旅游发展提供了丰沃的土壤。中国旅游研究院发布的《夜间旅游市场数据报告 2019 年》显示，目前，很多旅游城市和旅游目的地都面临着过夜游客比例不高、人均消费增长缓慢的痛点。夜间旅游作为满足人们对美好生活的向往、拉动旅游消费、推动供给侧结构性改革和丰富深度文化体验的重要途径，将为旅游经济的持续健康发展提供新的动能。

相对于白天走马观光的景区打卡，夜晚的休闲调性更有助于游客增加对当地文化的感知与生活方式的体验。银联商务数据显示，2019 年，游客夜间消费总金额、笔数分别占到全天整体的 28.6%、25.2%，较 2018 年分别扩大了 2.7、2.9 个百分点。2019 年春节期间，游客夜间消费占目的地夜间总消费近三成。

同时，国内旅游的客源结构已经发生根本性改变，从"50 后""60 后""70 后"的中老年客群为主转为以"80 后""90 后""00 后"的年轻化客群为主，继 Y 世代（指 1980 年至 1995 年出生的人）之后，Z 世代（1995 年至 2005 年出生的人）更加追求时尚、刺激、新颖的新产品、新业态、新玩法。

旅游消费大数据联合实验室研究表明,在平均停留 3 天的国内游客样本群中,高达 53% 的受访者会有 2 个晚上去体验当地生活,而 18 岁至 35 岁间的中青年亲子游、情侣游的夜游热度最高。以"80 后""90 后"为主体的年轻一代是当下夜间旅游消费的主力军,引领着夜游风尚。

## 二、文化类需求旺盛,夜间旅游呈现新格局

夜间旅游是当地文化的创新载体和创新形式,弥补了夜晚旅游活动的空白,平衡了淡季旅游资源短缺的问题。夜间旅游延长了游客的停留时间,刺激了旅游消费,激活了城市空间。另外,其还有助于满足游客的审美诉求和情感诉求,及对异地生活的融入感和品质获得感。夜游消费数据稳步增长,观光游船、主题灯会、文化体验活动成为夜间旅游热度风向标。在多元化的夜游需求中,当地生活和文化体验成为重要组成部分,游客对夜间文化节事活动、文化场所参观等活动的选择显著高于美食、购物、影剧院等选项。

夜间旅游业态日益丰富,为游客提供了新的消费选择。2019 年,巅峰智业与中国旅游研究院联合出版了《图解夜游经济》一书,书中提出了夜间旅游的"六夜"模型:夜景、夜演、夜宴、夜购、夜娱、夜宿。其中,在很多知名旅游目的地,旅游演艺是夜间旅游的龙头,其类型包括实景演艺(如广西桂林《印象·刘三姐》)、剧场演艺(如浙江杭州《宋城千古情》)、沉浸式演艺(如湖北武汉《知音号》)、光影演艺(如安徽安庆《天仙配》)等。

同时,以体验目的地街区夜间餐饮、购物、娱乐和休闲为主要内容的街区夜游,比如北京王府井、上海南京路、台北士林夜市等,每天晚上都吸引着大量游客。很多城市的历史文化街区,依托于城市传统风貌街区和建筑,引入餐饮、商业、住宿、演艺、文化等休闲业态,如上海新天地、成

都宽窄巷子、福州三坊七巷、杭州河坊街等,不但是游客白天休闲旅游的重要场所,更是夜间旅游的集聚区。

不过,旅游行业过去一直是劳动密集型行业,科技应用程度较低,科技创造价值不高。随着近年来中国经济从"中国制造"走向"中国智造",旅游业要从传统服务业转变为现代服务业,需要自身主动拥抱科技。

在 2019 中国旅游集团发展论坛上时任文化和旅游部部长的雒树刚表示,以科技创新驱动高质量发展是贯彻新发展理念、破解当前我国经济发展中突出矛盾和问题的重要抓手,是经济发展的新动力、新动能。旅游业要实现高质量发展,离不开科技创新。

文化创意、服务创新、科技创造将成为推动未来 10 年中国旅游创新发展的三大动能。其中,科技创造是最有活力和创造力的新动能,能有效推动旅游业从传统的劳动密集型产业升级到现代化的科技+服务复合型产业。

## 三、新玩法不断涌现,缓解夜游供需矛盾

2019 年暑期,上海海昌海洋公园每天晚上闭园前的压轴节目,与同在浦东新区的迪士尼乐园的烟花表演不同,更换成一段持续 10 分钟左右、由几百架无人机组成的编队表演,在夜空中变幻出各种不同的造型,引发游客持续不断的欢呼声和尖叫声。这一更换的好处显而易见:一方面,避免了烟火燃放造成的空气污染和减少了烟火燃放产生的固体垃圾,另一方面,无人机表演更契合年轻游客追求"新奇特"的心理需求,同时无人机编队的文字和图案常变常新,可以对游客特别是年轻游客产生持续的吸引力。

不仅旅游景区将无人机表演作为夜间旅游新亮点新产品,很多大型节庆活动也越来越多地将无人机编队表演作为压轴节目,为节庆活动增

添科技元素和新颖看点。

2019年11月,"千古崖州月、追梦科技城"主题快闪活动在海南三亚崖州古城门举行。300架无人机在崖城古城门的夜空中不断变换组合,通过"古韵崖州""笔墨千秋""黎锦风华""南洋遗梦""扬帆远航""科技蓝图"6个板块内容,勾勒出一幅幅专属崖州的画卷。纺车、骑楼、椰子树、扬帆起航的船只渐次登上夜空,在流光溢彩之间,演绎着崖州湾的前生今世。前来观看表演的市民游客,对表演称赞不绝,纷纷拿出摄影设备,记录下夜空中属于崖州湾的独特印记。

从早期的军用到现在的军民两用,从之前的面向生产端的无人机救援、无人机喷洒、无人机快递,到现在的面向消费端的无人机摄影、无人机编队表演,无人机领域在不断创新发展,涌现出一飞智控、大漠大智控、高巨创新、亿航等一批优秀的科技创新型企业。

以天津一飞智控为例,这是一家拥有飞控、整机、无人机智能操作系统、集群组网等核心技术的高新科技企业。2019年初,一飞智控进入文旅行业开展无人机编队表演,短短一年时间,先后为南京、青岛、三亚等重点城市以及为湖州龙之梦乐园、郑州方特欢乐世界等重点景区提供近百场无人机表演,用艺术创意+科技创新助力夜游经济发展。无人机集群智能控制技术和无人机编队表演服务为文旅行业注入了科技新动能,也为各个地方夜间旅游注入新亮点。无人机编队表演通过三维立体矩阵模式,炫舞夜空,为城市文化活动、品牌盛事、景区景点尽情勾勒各种专属订制画卷,用360度全视觉角度及方圆几公里精准覆盖,聚焦人群目光,极大提升了大众对城市、品牌的自豪感和认同感,被誉为"空中光影魔术师"。

主题公园是文旅行业科技应用最广、产品更新最快、创新步伐最大的领域,也是体验研究和体验创新的试验区。主题公园界有个经典的SATE公式:故事(Story)+建筑(Architecture)+技术(Technology)=

体验（Experience）。未来的旅游体验，除了增加感官体验外，越来越需要增加文化体验和精神共鸣。

对照这个公式，无人机编队表演可以从观看视角、表现形式、视觉效果等方面，对夜间旅游进行创新。下一步，除了在技术研发（包括无人机滞空时间、抗风能力、抗寒能力、精准定位等）方面继续突破外，这一夜间旅游新玩法应该重点在讲好故事（包括故事内容创作、人物角色设定、叙事情节设计等）和氛围营造（背景音乐、光影效果、游客互动等）上加大力度，不断增加游客的体验效果。相信在不远的将来，无人机编队表演的"空中光影秀"，将会从夜间旅游的亮点和配角转变成夜间旅游的卖点和主角，乃至开创夜间旅游的新产品和新业态。

（原文发表于 2020 年 5 月 9 日《中国文化报》）

# 旅游直播的昨天、今天和明天

## 一、旅游直播的兴起和现状

2020 年初,突如其来的新冠病毒疫情对全球和中国旅游业带来巨大的冲击,旅游业生存发展的必要条件——"游客的流动"按下了暂停键,旅游业一下子进入了"寒冬"。根据文旅部公布的《2020 年第二季度全国旅行社统计调查报告》,2020 年第二季度,全国旅行社国内旅游组织 779.01 万人次、1431.18 万人天,同比减少 83.23％、89.10％,接待 1012.16 万人次、1724.50 万人天,同比减少 78.59％、84.53％。受疫情冲击影响,大多数旅游企业 2020 年上半年营收同比下降 50％—90％不等,绝大多数旅游企业陷入亏损境地。

为了获得企业生存的"救命钱",传统企业的转型迫在眉睫,旅游企业亟需寻找新出路和突破口,于是旅游直播应运而生。从这一点来说,旅游直播的兴起是"因祸得福",是旅游行业遭遇疫情危机后涌现的新机遇。

旅游互联网平台企业是市场反应最敏感、改变速度最快的企业。2020 年 2 月,旅游平台企业 OTA 率先开始拥抱旅游直播。2 月 15 日,景域驴妈妈大学公益文旅直播课正式开始直播,吸引了数千人在线观看。2月29日,景域驴妈妈集团董事长洪清华联合17家文旅头部企业共同主办"文旅产业振兴在线大会",吸引了文旅行业20万人次在线收听。3月份起,景域驴妈妈集团的旅游直播进入"直播＋电商"新阶段,3月21日,发起"全国百名县长爱心义卖直播大会",吸引了全国各地近100名县/区/市长走进直播间,向全国网友推介和销售目的地土特产品,吸引了超过63万名网友在线观看,累计传播曝光1000万次以上。5月份起,景域驴妈妈除了每周自身常态化旅游直播外,还输出定制化的旅游直播服务,分别为舟山市举办"舟游列岛 GOU GOU GOU"直播带货专场、为黄山市举办"市长＋BOSS组合带你游黄山"等活动,让直播成为新的营收增长点。

2020年3月23日,携程集团创始人、董事局主席梁建章在三亚亚特兰蒂斯酒店进行首场直播秀,1小时卖掉价值1000万元的酒店套餐。之后,携程以每周一场网络直播的频率,先后在西江苗寨、湖州、深圳、溧阳、腾冲等不同的旅游目的地开启旅游直播。根据携程研究院7月29日发布的《2020携程BOSS直播大数据报告》,"携程BOSS直播"历时4个月零6天,总GMV(交易额)突破11亿元,产品核销率近5成,为千家高星级酒店带货超百万间夜。在疫情寒冬旅游交易断崖式下降的情况下,取得这样的成绩堪称丰硕。根据携程一季度财报披露,在疫情期间,由于直播引流,高星级酒店品类的销售恢复最快,引领了酒店及旅游业的复苏。飞猪继承了淘宝直播的互联网平台基因,将直播的舞台交给平台商家。2020年6月18日年中大促期间,飞猪策划了旅游BOSS直播,吸引了100位旅游BOSS在飞猪开直播带货,其中不乏开元旅业集团创始人陈妙林等重量级BOSS。从飞猪平台整体直播数据来看,2月以来飞猪已连续推出28000场直播,观看人次超2.5亿。除了驴妈妈、携程、飞猪,马蜂窝、同程、去哪儿网等也积极拥抱旅游直播。同程集团创始人、董事长吴志祥，去哪儿网总裁勾志鹏，都亲自上阵直播带货。

旅游目的地是疫情冲击的"重灾区"，从 2020 年 2 月份起，很多景区、酒店、餐饮、娱乐等企业关闭，旅游目的地的旅游接待人次和旅游收入也出现了断崖式下滑。为了提升旅游者的消费信心、支持帮助旅游企业复工复产，很多旅游目的地政府牵头，旅游主管部门联合地方文旅企业，开始发起旅游直播。在 3 月 21 日景域驴妈妈集团主办的"百名县长爱心义卖直播大会"上，安徽省黟县主管旅游的刘菁兰副县长，站在盛开的油菜花田里，一边直播黟县的春光美景，一边推介黟县的"五黑"（黑果—香榧、黑茶—古墨茶、黑鸡、黑猪、黑粮）土特产，实现了旅游推介和直播带货的巧妙结合；西藏自治区当雄县其美次仁县长，以蓝天白云和雪山草原为背景，向网友推介西藏纯天然的绿色食品——牦牛肉干和牦牛肉酱，同时向全世界的网友发出"到西藏来旅游，我在当雄等你"的邀请，点燃了网友疫后到西藏旅游的热情。在 4 月 25 日的"百名县长文旅助农直播大会"上，安徽省固镇县王艳副县长身着汉服，在著名的历史事件发生地——垓下大战遗址区全程直播，在推介地方农特产品的同时，宣传推广了固镇县的历史与文化；西藏自治区定日县委、常务副书记李肖辉走进珠峰大本营，向全球网友直播推介珠峰的壮美风光和独特美景；浙江省临海市王丹市长带着网友走进余丰里民宿内部，直播推介余丰里民宿和当地特色勾青茶。这批"新晋主播"以不同的风格与方式，在直播间内向全国网友和游客推介旅游产品，并以各种优惠形式刺激游客购买和预订旅游产品。

旅游企业集团在疫情中快速拥抱直播，开启直播带货的新尝试。2020 年 2 月，四届全国人大代表、广东省旅游协会会长、广东旅控集团总经理黄细花（2021 年 11 月，调任惠州市委常委、宣传部部长）亲自带头出镜直播，并发动前台的销售人员、后台的厨师、集团高管和普通员工，开启全员营销和全面直播模式。直播产品从白天鹅宾馆、白云宾馆的客房到餐饮外卖到中秋月饼,凡是值得宣传能够销售的产品,都进行旅游直播。2020年6月,广东旅控集团启动"直播月",每天进行一场旅游直播,直播销售收入突破千万元。开元旅业集团创始人陈妙林带头做旅游直播,在飞猪平台上创下单场观看超4万人次、120多笔成交的直播带货纪录。外资企业万豪酒店也积极拥抱直播,开播18秒即成交第一单,单价16999元的套餐2小时内售出数十件。以旅行社为主业的华程国旅集团在疫情中遭受重创,为了生产自救,华程国旅集团推出"华程网红直播计划",面向华程内部员工招募网红直播团队,以直播促进旅游产品线路销售,加速现金流回笼,推进企业业务复苏。

## 二、旅游直播的价值与作用

旅游直播不但对于疫情中的旅游目的地和旅游企业至关重要,而且对于疫情后旅游业的长远发展也有着不可或缺的重要价值。旅游直播的价值和作用主要有两大方面:一方面是品牌营销,另一方面是产品预售。

### 1.品牌营销

旅游直播首先是"新营销",是对传统营销模式的迭代与更新。通过旅游目的地政府官员、旅游企业家、旅游达人的直播代言,为旅游产品增加了品牌背书,提升了旅游产品的品牌价值,增加了消费者的信任度。

为了应对疫情对携程的巨大冲击,之前一直很低调的携程集团创始人梁建章亲自出场,自2020年3月份首播以来,每周三准时出镜直播,扮相跨越9个朝代20多种身份,大秀变脸、RAP、贯口等多种技能,一跃成为旅游界著名的"网红主播"。7月29日,微博与携程联手推出"梁建章BOSS直播间",他在直播间Cosplay包青天,直播销售机酒产品并发布科幻小说新作,微博直播累计观看人次超过 1019 万,微博话题阅读量超过 1.7 亿,@携程梁建章 的微博影响力迅速提升:微博阅读量较上周提升 45 倍,互动量提升 130 倍,直播观看量提升 50 倍。

## 2. 产品预售

以 2020 年 7 月 29 日微博与携程联手推出"梁建章 BOSS 直播间"为例,本场总销量 GMV 达到 3346 万,销售客房 48549 间夜,东航特价机票开播 3 分钟内售罄,梁建章首部科幻小说《永生之后》爆卖 4200 本。5 月 23 日景域驴妈妈集团与舟山市政府联合主办的"舟游列岛 * GOU,GOU,GOU"直播带货专场活动,精选了 50 余种约 1300 万的优质文旅产品,90% 的商品在直播间一抢而空,尤其是酒店民宿类全部售罄,销售额达 900 多万元。

旅游直播对于疫情期间的旅游产品销售起到了至关重要的作用。不同于直播电商销售的实体商品需要马上物流快递,旅游直播销售的旅游产品,是"收钱在前、消费在后",即旅游直播是"产品预售",旅游企业并不需要马上生产产品,就可以提前从消费者那里获得现金。旅游直播获得的现金流对很多旅游企业而言是"救命钱",对处于生死存亡阶段的旅游企业而言是"紧急输血"。

传统旅游营销只能提高旅游知名度和影响力,对产品销售的贡献和效果难以准确衡量,而旅游直播解决了传统旅游营销与销售相脱节的痛点,实现了"旅游营销＋产品预售"的紧密结合,让旅游消费者"下单(购买)即优惠"、让旅游企业"直播即回报(现金)"。旅游直播由于既能带来"名气"又能带来"财气",加上旅游直播获客成本相对较低、直播带货效果相对良好,因此成为旅游平台和旅游企业恢复元气的首选。

## 三、旅游直播的"人、货、场"

零售业的核心三要素是"人、货、场"。在百货商场和连锁店时代,突出的是"货",货品多、品质好、价格优惠;而到了购物中心时代,突出的是"场",注重舒适宜人的购物环境;到了新零售时代,强调的是"人",为消费者提供个性化的服务,强调消费者的价值与体验。随着零售业的发展和迭代,零售三要素经历了从以"货"为中心发展到以"场"为中心,再发展到以"人"为中心三个阶段的更迭。

旅游直播要取得成功,也需要深入研究"旅游直播三要素":人,谁是旅游直播的受众、谁来为受众做旅游直播? 货,卖什么旅游产品? 场,在什么旅游场景下推介和销售产品?

### 1. 人——直播受众和旅游主播

旅游直播的受众与电商直播的受众,具有很大的重合性,绝大多数是80后、90后、00后的年轻消费者,尤其以Z世代(1995—2009年出生的人,又称网络世代、互联网世代,统指受到互联网、即时通信、短讯、MP3、智能手机和平板电脑等科技产物很大影响的一代人)为主。相对50后、60后、70后人群对"权威"和"传统"具有较高认同感,80后、90后、00后的年轻一代消费者更关心的是"体验"和个人感受。

目前的旅游主播主要有三类,第一类是政府官员(市长、局长)或企业家(董事长、总经理),他们亲自担任主播的优点是自带品牌公信力,缺点是直播经验相对缺乏,产品销售和引导能力较弱;第二类是明星或旅游达人,他(她)们的直播经验丰富、镜头语言生动,互动效果热烈,而且由于他们本身是旅游KOL,旅游经验丰富,自带粉丝和流量,对于营销推广和引导销售的效果明显。第三类是"官员/企业家+明星/旅游达人"的组合,可以实现品牌公信力+营销销售力的结合,实践证明效果最佳。

## 2.货——旅游直播产品

旅游直播卖什么产品?概括起来,旅游直播的产品主要有三大类:第一类是旅游目的地土特产品,也可以统称为旅游商品,在驴妈妈主办的百名县长文旅助农直播专场中,直播带货主要是各个地方的名优农特产品。第二类是经典的旅游产品,包括门票、酒店、餐饮、旅游线路等,进行优惠价的预售,"携程 BOSS 直播"主要做的就是中高端酒店的预售。第三类是旅游知识产品,包括免费的讲座和收费的课程,景域驴妈妈大学、同程商学院、巅峰旅豆学堂做的网络培训和在线课程,就属于第三类。

哪些是旅游直播的"好货"?景域驴妈妈集团对"旅游目的地好货"的定义是:原产地特产、高性价比、高颜值(包装精美)、单价原则上不超过 100 元。携程的直播带货以高星级酒店客房为主,对酒店好货的要求是:国际或国内知名酒店品牌、高星级酒店、高性价比(相比正常门市价大幅度的折扣优惠)。

## 3.场——旅游直播场景

主播直播带货的主要是"有形物品/硬性商品",特点是所见即所得,下订单后直接送货上门;而旅游直播带货的主要是"无形体验/软性服务",要让网友动心并决策,首先需要做好营销,把无形体验的产品和服务尽可能"有形化、直观化、可视化"。

旅游产品本质上是体验性的精神产品。传统电商直播常用的静态室内直播间,用在旅游直播上的效果最普通;拥有美丽风景的户外直播,如在珠峰大本营做直播,背景是雄伟壮美的珠穆朗玛峰,因为增加旅游目的地的实时环境,旅游直播效果比室内直播好得多。如果在户外直播中还搭配旅游活动,如非遗表演、旅游演艺等,或者让旅游主播本人直接参加旅游体验活动,如乘坐直升飞机、现场吃美食等,可以让游客产生"身临其境"的沉浸式体验感,这种动态的户外直播间效果最佳。

## 四、旅游直播的未来趋势

### 1. 旅游直播将成为旅游营销"新常态"

从文字营销(诗歌、散文、对联、宣传口号),到图片营销(摄影图片、手机图片),再到长视频(旅游风光片、旅游宣传片)、短视频(15 秒/60秒/几分钟),旅游营销方式正在不断迭代更新。马蜂窝研究表明,如今的旅游攻略不再局限于"图片+文字",直播、短视频等将成为旅游内容发展的新浪潮,优质的内容和个性化的表达,让旅游直播兼具综艺节目的趣味性和传统旅游攻略的工具性,而这些都是游客对旅游内容的核心需求。

从 2020 年 4 月份首次开始抖音直播至 2020 年国庆节,珠海格力电器董事长董明珠在不同城市巡回举办了 10 场直播,一次又一次刷新自己的销售记录,其中,2020 年国庆节前最后两个工作日的德州、临沂两场直播,分别完成 22.2 亿元、52.8 亿元的销售额,10 次直播销售总金额达到了创纪录的 416 亿元。在发现直播带货的巨大能量后,董明珠发布2020 年销售新宣言:"让直播常态化。"曾经被中央领导点赞过的陕西省商洛市柞水县小岭镇金米村"90 后"主播李旭瑛感言:"我们一直为全县农户卖木耳,我觉得直播是销售的新趋势,特别对农产品来说,直播能很生动地告诉顾客农产品的生产过程、营养价值、食用方法等,让农产品也变得有吸引力。"

旅游直播正在改变过去的旅游营销模式,创造了"所见即所得、想买就能买"的全新旅游营销模式。2020 年,中国旅游正式进入"旅游直播元年"。2020 年 7 月,第五届中国旅游景区创新发展论坛在青海省西宁市举办,本次论坛除了举办现场活动外,首次同步进行网络视频直播,吸引了全国 3 万多名业界人士收看直播,大大提高了论坛的影响力和传播度。2021 年 12 月 11 日至 12 日,由中国旅游研究院和中国旅游协会等联合主办的"2021 中国旅游集团化发展论坛"采用线上线下相结合方式召开,在北京、上海、杭州、南京、广州 5 个城市同步进行,文化和旅游部、中国旅游协会、中国旅游研究院的领导以及中国旅游集团 20 强企业负责人通过视频直播的方式发表主题演讲和对话交流,数万旅游业界人士同时在线全程观看直播。

## 2. 旅游直播从追求"营销声量"到关注"曝光度＋销售额"

"直播将打破社交流量与电商流量、私域流量与公域流量之间的壁垒。在这一意义上,无论是平台、企业、MCN 机构还是像我这样的笨拙的试水者,都需要对之进行更多的思考和实验。"著名财经作家吴晓波在直播带货后的总结文章中写道。

旅游直播不但要有营销效应,更要有销售结果。提高销售转化率,是直播成功和可持续发展的关键。这就对旅游直播的专业化提出了更高的要求。套用一句老话,"专业的事要交给专业的人来干"。

2021 年中秋节前夕,广东旅控集团启动中秋月饼全员直播带货活动,通过全体员工的共同努力,白天鹅月饼成为广东的"网红月饼",全集团月饼销售总额突破了 1 亿元,创造了集团有史以来的最高记录,不但提升了广东旅控集团的影响力和美誉度,而且为集团在疫情中获得了最宝贵的现金流。

### 3. 旅游直播催生专业化人才和专业化服务

旅游直播越来越呼唤专业化。旅游主播正在从政府官员/企业家"客串"过渡到"专业"的旅游达人/旅行家/旅游体验师。旅游直播也从只关注"直播中"，转向"直播前、直播中、直播后"的全过程管理。对于缺乏专业团队的旅游目的地，与具备丰富直播经验和专业直播队伍的旅游平台公司合作，不失为一种优势互补的好方法。

笔者所属的上海市创意产业协会，顺应数字新经济时代网络电商直播的大发展趋势，以及对专业化人才的需求，于2020年4月率先成立网络视听与直播专业委员会，带头树立起行业规范化、产业细分化、培训专业化、内容健康化的直播产业标杆。网络视听与直播专委会汇集了众多直播专业机构和头部主播，致力于为上海市及全国各地提供直播带货的专业培训、技术指导和系列服务。通过与上海市文旅局人才交流与培训中心合作，提供专业的培训老师和培训课程，提升KOL主播的专业知识、综合素质和带货技能，并定向输出优质带货主播与互联网营销团队，帮助政府和企业实现直播带货。

### 4. 旅游直播逐步走向理性与规范

2020年5月11日，人力资源和社会保障部发布《关于对拟发布新职业信息进行公示的公告》，拟新增10个新职业，包括：区块链工程技术人员、社区网格员、互联网营销师、信息安全测试员、区块链应用操作员、核酸检测员、在线学习服务师、社群健康助理员、老年健康评估师、增材制造（3D打印）设备操作员。其中，互联网营销师是指在数字化信息平台上，运用网络的交互性与传播公信力，对企业产品进行多平台营销推广的人员。"互联网营销师"职业下又增设了"直播销售员"工种，其主要工作任务包括：搭建数字化营销场景，通过直播或短视频等形式对产品进行多平台营销推广；提升自身传播影响力，加强用户群体活跃度，促进产品从关注到购买的转化率等。以李佳琦为代表的带货主播群体有了官方认证的身份——互联网营销师，带货主播变成了人社部官方认可的正式工种——直播销售员。

一方面，国家相关部门为带货主播"正名"，另一方面，针对电商直播偷逃税比较严重、直播产品假冒伪劣较多的问题，国家相关部门对电商直播的监管开始强化和规范。2021 年 11 月 22 日，国家税务总局杭州市税务局对朱宸慧（雪梨）、林珊珊两名主播开出罚单，因朱宸慧（雪梨）、林珊珊两人在 2019－2020 年期间分别偷逃个人所得税 3036.95 万元、1311.94 万元，对朱宸慧追缴税款、加收滞纳金并拟处 1 倍罚款共计 6555.31 万元，对林珊珊追缴税款、加收滞纳金并拟处 1 倍罚款共计 2767.25 万元。罚款之后，雪梨、林珊珊遭全网封杀，在多个平台的社交账号、电商店铺被封禁。2021 年 12 月 20 日，杭州市税务局稽查局查明，网络主播黄薇（网名：薇娅）在 2019 年至 2020 年期间，通过隐匿个人收入、虚构业务转换收入性质虚假申报等方式偷逃税款 6.43 亿元，其他少缴税款 0.6 亿元，依法对黄薇作出税务行政处理处罚决定，追缴税款、加收滞纳金并处罚款共计 13.41 亿元。13.41 亿元罚款、淘宝直播间被冻结、微博封号，薇娅正在为此前的偷逃税付出代价。随着税收秩序的整治和规范，直播电商将迎来拐点。

（原文发表于 2020 年 8 月 3 日《执惠》新媒体）

# 旅游直播或将成为旅游营销新常态

疫情黑天鹅下，旅游直播兴起大潮，不仅成为不少旅企自救的路径，更是引来诸多文旅大佬"乘风破浪"投身其中，也在一定程度上改变乃至可能重塑 B 端与 C 端的供给场景或链条。作为特殊情境下迸发的新渠道、新方式与新场景、新事物，旅游直播会否成为旅游营销新常态，旅游直播又将走向何方？

## 一、直播＋旅游促回血

直播促进旅游业复苏。对于被疫情冲击的旅游业，国内各大景区、旅游公司都在采用直播的形式迅速回血。携程研究院数据显示，截至 2020 年 7 月中旬，直播累计创造交易额超 11 亿元，为亚太地区千余家高星级酒店带货超百万间，在境内外 200 余个城市掀起旅游复苏浪潮。爆款产品 1 分钟内销售峰值达 8000 件。4 个月的时间，累积超 6000 万名观看用户，其中 80 后占 6 成，高净值用户贡献 GMV 超 5 亿元，60％以上用户复购 2 次或以上。5 月至 6 月，携程直播目的地旅游收入平均提升 8％，其中海南、湖州旅游收入提升近 20％。

各旅游景区也利用直播自救，以张家界为例，景区通过网络直播，举办网红直播旅游节,卖特产,卖风景,宣传营销张家界。2020 年 1—7 月份,全市接待旅游总人数 1417.21 万人次,同比恢复 35%;旅游总收入 159.27 亿元,同比恢复 34.5%。专家分析称直播经济激活用户旅行需求,为商户挽回超过百亿损失,加速资金回笼,助力旅游业复苏。

Boss 直播也助力文旅业乘风破浪。统计显示,从 2020 年 3 月到 6 月,携程集团联合创始人、董事局主席梁建章总计直播了 18 场,为 600 多家酒店做了直播带货,截至 7 月中旬,直播累计创造交易额超 11 亿元。不但为告急的现金流纾困,零售端的网民们更是被吸引并加入了预购大军,大佬直播乃至成为旅游直播领域的一个现象级 IP。

## 二、缘何方兴未艾

直播对于旅游业而言,有更强烈的销售促进功能。旅游直播正在改变过去的旅游营销模式,创造出"所见即所得、想买就能买"的全新旅游营销模式。

2020 年,中国旅游正式进入"旅游直播元年"。"旅游直播创新营销模式,通过线上线下结合,更好地展示和体现了旅游的价值。"环球旅游专家杜山川向《中华工商时报》记者指出:"一个好的旅游视频直播,比花钱做广告的效率更高,同时配好的文案,会起到更好的效果。这也是旅游直播的魅力所在。"

深圳市思其晟公司 CEO 伍岱麒则表示:"直播可以让消费者更有购买的冲动和欲望,这比仅依靠图片下单购买,有更强的销售促进作用。"此前,消费者上携程或是其他的旅游网站购买旅游产品时,不能那么具象地感受和生动地体验。

以星级酒店为例,完全可以在酒店内部通过直播介绍酒店的方方面面,诸如其环境、服务以及特点;若是达人推荐会有更强的效果。因为旅游达人有更丰富的介绍旅游景点、酒店特色的经验，比消费者仅仅在网上观看图文，或是向旅行社咨询更有吸引力，这就是直播对于旅游业的销售促进。

## 三、未来如何布局

旅游直播正在逐步走向理性与规范。2020 年 5 月 11 日，人力资源和社会保障部发布《关于对拟发布新职业信息进行公示的公告》，拟新增 10 个新职业，其中包括互联网营销师，其下又增设了"直播销售员"工种，带货主播变成了人社部官方认可的正式工种。未来，直播＋旅游又将如何布局？

伍岱麒表示："对于酒店业，诸如星级酒店、网红酒店、特色民宿等，可通过线上视频、直播宣传介绍该酒店或民宿的环境、特点，然后吸引消费者下单；对于旅游景点，除了可通过视频线上推送，还可以通过达人在景点的游玩或特色介绍，让消费者加深对景点的第一印象和初步了解，促进下单购买；对于旅游地的特产，比如云南鲜花饼、北京烤鸭、阿里山茶叶，可在直播里加上土特产介绍，以促进全国甚至世界其他地方的消费者线上购买。这也是对当地旅游业周边资源的探索挖掘，可以促进旅游全产业链发展。"

杜山川则表示，直播＋旅游的营销方法会不断迭代。通过线上线下结合，去中间化比重，不断发展其专属的直播主持人＋网红，共同重塑 B 端与 C 端的供给场景或链条。

面对较低转化率、正在凸显的质量问题、赔本赚吆喝的不可持续性等旅游直播中产生的新问题，景域驴妈妈集团副总裁、中国主题公园研究院副院长、上海市创意产业协会创意旅游专委会主任任国才建议："没有规矩，不成方圆。建议文旅部会同工商、质检等部门，对快速发展的旅游直播进行持续的监管,避免旅游直播变成另一个'直播重灾区'。同时,鼓励和支持旅游直播平台和目的地旅游企业,发起成立地方性或全国性旅游直播行业组织,建立旅游直播的行业规范,加强旅游直播行业自律,促进旅游直播的健康可持续发展。"

（原文发表于 2020 年 9 月 18 日《中华工商时报》,记者:张粲）

# 新版《旅游民宿基本要求与评价》的变化与解读

近日，文化和旅游部发布旅游行业标准《旅游民宿基本要求与评价》第 1 号修改单，并宣布自发布之日起实施。

旅游民宿行业新标准有哪些重要变化？变化意义何在？对行业有什么影响？体现出未来民宿行业发展的哪些趋势？带着这些问题，《中国文化报》邀请专家、业内人士共同对新标准进行解读与分析。

## 这是民宿行业的好事、喜事、盛事

讲述人：张晓军（中国旅游协会民宿客栈与精品酒店分会会长）

标准的变化，反映了文化和旅游部对于旅游民宿发展的高度重视、审慎态度、严谨作风。

此次旅游民宿新标准主要变化内容有：2019 年和 2017 年相比，对民宿客房规模的限制由单幢不超过 14 间（套）到不超过 4 层、建筑面积不超过 800 平方米。等级划分由金宿、银宿，到五星、四星、三星，再到甲、乙、丙。

旅游民宿不断更新"行标"，旨在推动民宿品质化发展，让民宿升级改造有了依据和发展目标，有助于推动地方政府民宿市场准入的管理体制改革，从而让一直在经营却没有得到合法许可证明的民宿取得合法身份,释放市场主体活力,激发民宿投资热情。

比如,旅游民宿的星级等级改为"丙级、乙级和甲级",民宿与酒店的界限将更为清晰。其实,以前星级民宿评定总会受到酒店星级标准的影响,酒店评定的经验自然而然地被传导到民宿评定上,即便是评定完成了,在民宿证件、配套设施、社会责任等内容上,业界意见经常不统一。

而对于消费者而言,尽管星级民宿与星级酒店性质不同,但在现实生活中容易搞混淆,尤其是一些网站图省事,直接将一些民宿标注为星级酒店,对消费者的选择存在一定误导。

自 2017 年出台第一个标准,行业急需、急盼的等级评定标准终于得以落地,这是民宿行业的好事、喜事、盛事。

制定更为严格和规范的民宿标准,是为了适应快速发展的民宿行业对游客权益保障和品质保障的需求,也让地方政府开展规范化管理有了依据。全国各地在民宿立法立规等方面参差不齐,有的省市早已出台了民宿发展法规和文件,如北京、重庆、珠海等。还有的省市至今没有一个像样的民宿行业发展指导性文件。民宿行业无法可依,影响了民宿投资、产业健康发展。

经过文化和旅游部在民宿国标文件上的探索,由此,民宿标准化建设进入新时代,相信仍将会有更多细化标准陆续出台。

## 迎接"民宿＋"时代来临

讲述人:魏晓刚(绿维文旅浙江分院院长)

此次旅游民宿新标准的变化主要在于以下两个方面,一是新标准起草的参照导则是基于 GB/T 1.1－2020 体系的,让新标准能够既适应国内的实际环境,又能与国际标准接轨。二是对于民宿的等级划分发生了变化,不再以传统酒店住宿的星级标准作为民宿等级评定的划分依据,而是以甲、乙、丙等级作为民宿的等级划分,这更加适应民宿作为小型旅游住宿的本质特性。

民宿自欧美、日本再到中国，经历了多年的发展，民宿作为特色化、非标准化的小型旅游住宿业态，受到了大众的青睐。国内民宿标准也从浙江等出台的地方规范，发展到主管部门制定的相关标准发布实施。本次新标准的推出将进一步规范国内旅游民宿业落地的标准，提升旅游民宿的整体质量，同时，新标准也考虑到了民宿的非标准化的特性，赋予了民宿更多的个性化发展空间。

近年来，在城市的快节奏与乡村的慢文化碰撞之下，民宿的兴起与发展成为"美好生活"在乡村的一种范式。如果说中国民宿发展 1.0 时代仅仅是消费升级和个性游市场火爆呼唤带来的爆发式粗放增长，那资本大鳄紧抓机遇入局民宿产业，将"单体民宿"变为"民宿群落"则意味着中国民宿产业进入 2.0 时代。

随着乡村振兴战略的全面推进，民宿业态必将成为新一轮乡村发展中的重要载体，围绕着民宿产业的升级，也将拉开序幕。如今，中国民宿产业已经迈入 3.0 时代，即"民宿＋"时代。未来的民宿产业，将依据自身的资源特性、优质文化、城市区位等综合要素，与其他文旅产业进行融合式的发展。

## 规范引导旅游民宿健康成长

### 讲述人：任国才（景域驴妈妈集团副总裁）

《旅游民宿基本要求与评价》第 1 号修改单一个重大的修改，是将旅游民宿等级由三星级、四星级、五星级修改为丙级、乙级和甲级。

旅游行业过去只有对旅游规划设计单位进行甲级、乙级、丙级等级评定。旅游规划设计单位是智力比较密集、专业门槛较高的企业，旅游管理部门对旅游规划设计单位采用甲级、乙级、丙级等级评定标准，体现了旅游管理部门的专业性和严谨性。根据《旅游规划设计单位资质认定办法》，截至目前，全国共有甲级旅游规划资质单位 100 家、乙级 270 家，以及大量丙级资质单位。

从长远来看，甲、乙、丙等级划分新标准的出台更利于民宿行业对高质量发展的重视，也更突出民宿这一细分业态属性。但眼下，从游客和市场的角度而言，短期内由于沟通、理解存在不到位，名称的改变也许不仅不会带来旅游吸引力增加，还有可能会增加游客的困惑或误解："丙级民宿是不是很差的？""是不是不入流的民宿，都算是丙级？"……如此，可能会影响民宿业主申报和参评的积极性。这方面需要主管部门对其进行动态关注。

在各地推进乡村振兴的工作实践中，旅游业发挥了很大作用，其中，乡村旅游民宿更是表现突出。不少地方通过大力发展旅游民宿，让乡村各类资源动起来、活起来，带动兴村富民、促进乡村文化嬗变、助推乡村振兴。最新发布实施的《旅游民宿基本要求与评价》，旨在与时俱进地规范引导旅游民宿健康成长，通过发展旅游民宿更好地助推乡村振兴。

浙江省是民宿发展时间较早的省份之一，目前已经是中国民宿发展水平最高、民宿产业规模最大的省份之一。根据浙江省文化和旅游厅民宿动态管理系统的统计数据，浙江省具有营业执照、特种行业许可证、食品经营许可证、卫生许可证四证齐全的民宿有 1.8 万家。浙江省民宿快速健康发展，离不开地方民宿标准的制定和引导。2017 年，原浙江省旅游局出台《民宿基本要求与评价》地方标准，民宿等级从高到低分为白金级、金宿级、银宿级 3 个等级，等级越高，表示接待设施与服务品质越高。截至 2020 年底，浙江省民宿评定管理委员会共评定 4 批 50 家白金级民宿、111 家金宿级民宿、323 家银宿级民宿。由于标准高、把关严，浙江省白金级民宿含金量甚至已经高于五星级酒店，以千岛湖为例，区域内的五星级酒店有近 10 家，但白金级民宿只有 1 家。

期待旅游民宿标准不断升级

**讲述人：李描（巅峰智业文旅开发与乡建事业部执行总经理）**

民宿有别于星级酒店，是从乡土文化中生长出来的，形态上基本保留当地的生活风貌，内核上保留着乡土的记忆和韵味。

新冠肺炎疫情基本平稳后，乡村旅游成为旅游业最大的黑马。2021年中央一号文件明确提出发展乡村旅游精品路线，让乡村旅游热度再次飙升。此次，文化和旅游部对旅游民宿新标准的调整，同样意在与时俱进地引导乡村旅游发展。

新标准更加体现发展新理念，同时加强了对卫生、安全、消防等方面的要求，特别是新增"提供餐饮服务时应制定并严格执行制止餐饮浪费行为的相应措施"，将引导广大民宿经营者研究制定多种厉行节约措施，更好地发挥旅游住宿业在消费行为习惯中的重要作用，以实际行动深入贯彻落实习近平总书记对制止餐饮浪费行为作出的重要指示。

新标准采用修改单的方式对现有标准进行修改，代表对于民宿的引导根据行业发展不断进行探索，使民宿行业有了更加清晰的基础要求，同时更好地助力乡村振兴。

虽然标准有了变化，但是民宿的开发依旧存在着诸多问题有待解决。

第一，民宿经营管理规范缺失。现有标准仍旧停留在基础要求和评价上，对管理层面的要求存在较大欠缺。有些地方标准是按照自己的地域特色、民俗民风等设定的，缺乏对整个行业的监督与管理。如某地房屋一味扩大规模，民宿像酒店，是不是合法合规的建筑物、能不能合法经营等等都需要研究。

第二，设计缺乏总体规划。目前，大部分乡村民宿的风格设计以民宿主的想法为主，各家各户难以形成统一的共识，导致出现村子民宿形态各异、同质化严重等现象,未能实现协同发展、合作共赢。

第三,产权问题多。根据新的土地管理法,国家允许进城落户的农村村民依法自愿有偿退出宅基地、鼓励农村集体经济组织及其成员盘活利用闲置宅基地和闲置住宅。宅基地只能在本集体内部流转,或者退给集体组织。城市居民不能买农村宅基地,只能通过租赁、入股、合作经营、委托经营等方式,依法依规发展农家乐、民宿、乡村旅游、养老等。租住农民的房子,有房价上涨、房屋搬迁、邻里纠纷等不确定因素。

第四,基础设施落后。许多乡村的卫生、交通、医疗、文娱设施等条件较差,尤其是乡村的垃圾处理、污水排放处理比较困难,降低了乡居舒适度与便捷度。

相信随着这一波乡村振兴的热浪,乡村旅游、乡村民宿也将获得更好发展,与之匹配的管理制度和标准以及相关的执行办法也会不断升级进步。

(原文发表于 2021 年 3 月 13 日《中国文化报》,记者:张婷)

# 旅游民宿的发展态势与科学管理

近期，各地周边游呈"报复性"增长趋势。乡村旅游由于出行半径小、时间短、方式灵活等特点，让原本只是小众需求的民宿转为大众需求。清明假期、"五一"小长假前夕，民宿的关注度一直在上升，搜索量也井喷式增长。

据中国旅游与民宿发展协会近期发布的《2020年度民宿行业研究报告》指出，受国家政策支持，乡村民宿在2020年得到迅猛发展，房源数量增长快，同时带动整个民宿市场房源的增长。报告显示，2020年国内民宿房源总量突破300万套。

作为乡村旅游配套设施中的重要一环，旅游民宿如何做到借势快速崛起呢？国外在民宿管理上都有哪些好经验？听听游客、从业者和专家怎么说。

## 一、国内旅游民宿发展脉络

"清晨起床后，我从卧房走向餐厅，看见女主人在摆餐具，男主人一手举着刚从院子里摘来的玫瑰，另一只手牵着他们的女儿，他们养的狗则摇着尾巴跑向我……没想到，我的'一意孤行'，竟收获了很多快乐。"

家住河南信阳的李女士快乐地回忆起 11 年前,她和自己的丈夫在云南大理旅游,"任性"住进一家乡村人家的情形。

21 世纪初期,一批基于"情怀"而建立的民宿在云南的大理、丽江等地密集出现。有着不同于酒店的个性化外观和"主人文化"背后的故事性,使得"农家乐"形态的初代民宿收获了一批旅途上的追随者。

作为后起之秀,浙江莫干山民宿一度发展成为国内民宿界的标杆。莫干山,曾被《纽约时报》评选为全球最值得一去的 45 个地方之一。莫干山第一家民宿颐园,早期以接待外国顾客为主,带动了当地民宿热潮。此后,较之简陋的"农家乐",莫干山的"洋家乐"——几十座装修精、颜值高的西洋式别墅,在精品小众路线上迅速发展,对民宿行业带来深刻影响。

近年来,民宿行业迎来迅速发展时期。乡镇、城市均有各类民宿提供。登陆各类互联网平台,游客就能轻松订到民宿。出门旅游不住酒店,而是住在别人家,这种听上去不可思议的住宿方式越来越流行。

2017 年,原国家旅游局发布《旅游民宿基本要求与评价》等 4 项行业标准。标准规定了旅游民宿的定义、评价原则、基本要求、管理规范和等级划分条件,适用于正式营业的小型旅游住宿设施,包括但不限于客栈、庄园、宅院、驿站、山庄等。

标准指出,旅游民宿是指利用当地闲置资源,民宿主人参与接待,为游客提供体验当地自然、文化与生产生活方式的小型住宿设施。其中,根据所处地域的不同可分为城镇民宿和乡村民宿。标准的发布标志着我国旅游民宿从此有了准确定义,有效促进了旅游民宿规范健康发展。

2019 年,文化和旅游部发布新版《旅游民宿基本要求与评价》,在旅游民宿的定义中增加了"经营用客房不超过 4 层、建筑面积不超过 800 平方米"的内容。同时,明确了旅游民宿的等级和标志由原先的金宿级和银宿级两个级别变为三星级、四星级和五星级 3 个级别。

2021年2月25日,文化和旅游部发布旅游行业标准《旅游民宿基本要求与评价》第1号修改单,并宣布自发布之日起实施。其中,最为明显的修改是新增了民宿"提供餐饮服务时应制定并严格执行制止餐饮浪费行为的相应措施"条款,并将旅游民宿等级由三星级、四星级、五星级更改为丙级、乙级、甲级。

据了解,这是文化和旅游部采用修改单的形式,根据工作实际对已发布实施的《旅游民宿基本要求与评价》行业标准进行的修改,旨在与时俱进地规范引导旅游民宿健康成长,更好地助力乡村振兴。

不少业内人士认为,旅游民宿有情怀更要讲规矩,脚下的路方能走得更远。民宿的未来与乡村振兴息息相关。在各地推进乡村振兴的工作实践中,旅游业发挥了很大作用,其中,乡村旅游民宿表现突出。不少地方通过大力发展旅游民宿,让乡村各类资源动起来、活起来,带动兴村富民、促进乡村文化嬗变、助推乡村振兴。


## 二、各地政策助力民宿发展

新冠肺炎疫情防控常态化背景下,各地为了恢复当地民宿发展,纷纷出台有力举措,或监督或管理,助力民宿市场规范、健康发展。

北京:小区内开民宿需征得同楼业主书面同意

为贯彻落实"房住不炒""租购并举"等住房政策,防止利用居住小区房屋经营短租带来的治安、扰民等问题,2020年12月24日,北京市住房和城乡建设委员会、北京市公安局、北京市互联网信息办公室、北京市文化和旅游局正式印发《关于规范管理短租住房的通知》(简称《通知》)。

《通知》明确了本市短租住房按区域实行差异化管理,首都功能核心区内禁止经营短租住房。允许经营短租房的区域,小区业主将住宅对外短租经营的,应符合本小区管理规约,无管理规约的应当取得业主委员会、物业管理委员会书面同意或取得本栋楼内其他业主的书面同意。

当时这个《通知》一下来,我心里就想这下可完了,这生意要黄。我那两套民宿都在住宅区里,因为老有生人进出,有时还是大半夜,平时就不受大爷大妈们待见。不用问,他们肯定不同意啊!还有因为疫情,本来就亏到底了!想来想去,索性,2020年末我就把城里的民宿关了。刚好有朋友在北京郊区也开了乡村民宿,拉我入股,我也没别的事可做,就同意了。没想到,今年的就地过年的倡议让好多外地人留在北京过年了,来乡下住民宿的人一拨拨的,生意好极了。这段时间订单还行,比去年强太多了。看来,乡村民宿还是有"钱"途啊!

——北京民宿主程先生

## 广西:支持在具有丰富文化和旅游资源的乡村发展旅游民宿

广西壮族自治区政府办公厅2020年11月印发《广西旅游民宿管理暂行办法》(简称《办法》)。

《办法》支持在具有丰富文化和旅游资源的乡村发展旅游民宿。鼓励农户、村集体和具有专业化经营能力的经济组织等,采用自主经营、租赁、联营等方式,参与旅游民宿经营管理。

对位于景区周边、特色村镇、历史文化街区、国家风景道、边关地区等区域,自然环境优美、生态环境良好、民族文化特色鲜明的旅游民宿聚集地,本自治区县级以上人民政府应当给予相应的政策扶持,引导旅游民宿规范有序发展。

《办法》明确提出,旅游民宿建筑应具有合法的土地和房屋使用证明、合法的房屋租赁合同,禁止利用违法违章建筑发展旅游民宿业。

旅游民宿经营者提供的旅游民宿服务信息必须客观、真实,不得做虚假宣传,不得欺骗和误导消费者。

听说近年来南宁拆除违规占地经营的一些休闲农庄、农家乐等。有一家都开了好几年了,当地朋友带我去过,不过我们都不知道是违建。开办这些场所是好事,有助于拉动城市周边旅游,丰富我们的休闲生活。政府部门若能适时引导,为规范民宿等场所经营出谋划策,方显执政水平。当然,营业者必须合规、合法经营,我们才玩得放心。

——济南游客李先生

## 海南:乡村民宿开办实施承诺即入备案登记制度

海南省住房和城乡建设厅、省旅游和文化广电体育厅等部门近日对《海南省乡村民宿管理办法》(简称《办法》)进行了全面修订。修订后的《办法》规定,乡村民宿的开办实行承诺即入的备案登记制度,按只办"一件事"的原则方便群众办理。

在乡村民宿开办流程上,将工程质量竣工验收、消防验收和备案、特种行业经营许可、公共卫生许可、食品经营许可、消防准入等进行整合,乡村民宿经营者只要作出一次有关承诺,提供一套包括房屋、治安、卫生、食品、消防等涉及公共安全相关的材料,即给予登记备案,做到"一张表单、一套材料、一次提交、多方复用",方便群众办理。同时,海南省鼓励盘活农村闲置宅基地和闲置农房及乡村闲置公益设施,对符合"多规合一"的农村存量集体建设用地腾挪调整使用,支持乡村休闲旅游和乡村民宿产业加快发展。

《办法》还明确了乡村民宿的定义和开办具体要求。明确乡村民宿是指位于乡村内,利用农村(农林场)村(居)民自有住宅、村集体房舍或其他设施,民宿业主或民宿经营者参与接待,方便客人体验当地优美环境、特色文化与生产生活方式的小型住宿场所。乡村民宿的营业客房应在 14 间房、800 平方米和高度在 3 层以内。

海南省乡村民宿在放开市场准入的同时,将加强事中、事后监管。乡村民宿登记备案后 30 日内,市、县住建部门将组织有关主管部门会同乡镇政府核验乡村民宿开办的有关承诺事项。在日常监管中,相关执法部门按"双随机一公开"的原则开展监督检查,发现有不符合乡村民宿经营条件的,提出整改意见,并责令其限期改正。有违法违规行为的依法给予行政处罚。

> 我们这里气候好,好多北方的老人来这过冬,一大家子来旅游的人也多。我喜欢美食,也爱做饭,想开家民宿,和客人聊聊天,让他们尝尝我的手艺,日子挺美好的。所以,我特意关注了本省关于民宿的修订版《办法》,得好好学习一下,以后开民宿得按规定来,不能做蠢事挨罚,那可就白辛苦了。
>
> ——三亚市民刘先生

## 三、国外民宿管理经验

德国:经营民宿要特别许可证,否则罚款 10 万欧元
(讲述人:中国旅游协会民宿客栈与精品酒店分会会长 张晓军)

与国内类似,德国的民宿市场发展也经过一段时间的"阵痛期"。在民宿游最火热的首都柏林,2014 年底,柏林议会出台了一部专门的法律来严格规范民宿市场。2016 年 5 月 1 日,新法开始正式实施。

对于民宿,德国各地的规定不一样,有些州相对比较宽松,房屋主人只需要向所在地的管理部门提供相应证明,如房屋情况、设施配置以及

卫生条件等,就可以将自己的公寓用作民宿或者度假屋供游客居住,有些甚至连这些证明也不需要,由自己来决定公寓的用途。目前德国还没有一部统一的法律和规定进行规范。

不过随着民宿市场的蓬勃发展,问题也越来越多,比如德国首都柏林,由于这种短租比正常的房屋出租利润更加丰厚,大量住宅被用作民宿。

如此,不仅加剧了柏林房源的紧张,导致很多市民租不到房子,而且还给周围居民的居住环境造成了一定干扰。

所以柏林议会于 2014 年底出台了一部专门的法律,严格规范民宿市场。2016 年 5 月 1 日新法开始正式实施,业主必须向相关部门申请特别许可证才可以将自己的公寓用作民宿,否则将面临最高达 10 万欧元,折合 70 多万元人民币的罚款。

为了监督新法的实施情况,柏林市政府还设有市民匿名举报平台,如果发现可疑情况,可以在线匿名举报。同时还有专门的工作人员在多个区域进行巡查,严厉打击非法将公寓用作民宿的行为。不过新法也预留了一定的回旋空间,房子的主人可以将自己居住的公寓某一间租给游客,也就是说收留游客在自己家里住,并且收取一定租金。

## 澳大利亚:民宿注册首先链接到澳大利亚税务局网

（讲述人:张晓军）

乡村民宿市场存在着"合法"与"游离于法律边缘"两种状态。随着近些年一些跨国民宿预订平台在澳大利亚的风靡,关于"新型民宿游"的话题被广泛讨论,有人欢喜有人愁。

传统的澳大利亚民宿首先都会有自己的经营执照,而如果同时提供膳食的话,就要有卫生许可证,而如果在餐点中提供酒类饮品,还需要额外酒牌。一般这种民宿以专业经营为主,在澳大利亚一些著名的公路旅行路线上经过的小镇附近,这样的民宿很多。

近几年来,随着几个跨国民宿网站在澳大利亚的普及,关于新型民宿,一直就是一个有人喜欢、有人愁的话题,澳大利亚本地人还挺喜欢这样的民宿,但是澳大利亚税务局可不那么认为。距 2020 年澳大利亚税务局重点严查网上约车的逃税问题之后,2021 年澳大利亚税务局已经开始盯上了在澳大利亚越来越火的网上民宿平台,虽然澳大利亚总人口只有 2000 多万,但是在某知名民宿网站上,澳大利亚人登记的民宿居然有 7.5 万户,而其中绝大部分并没有获得澳大利亚的经营许可并且没有缴纳税金给澳大利亚税务局。

不过随着税务局的严查,目前所有的这些在民宿网站上新登记的民宿已经越来越符合澳大利亚法律的要求,一些网站在民宿注册的时候,首先会有链接直接链到澳大利亚税务局网站上,而且网站的负责人表示,会敦促各个未登记的民宿房东尽快在税务局注册和缴税。

## 日本的民宿管理
(讲述人:景域驴妈妈集团副总裁任国才)

在 Airbnb、Booking、Agoda 等全球化在线房屋租赁平台的助推下,在欧美、日韩、东南亚等旅游发达国家和地区,很多城市和旅游区的私人住宅进入旅游住宿市场,国内外游客可以通过 Airbnb 等平台预定私人住宅空余的家庭客房作为旅居住宿场所。笔者在欧美国家旅行时,也多次通过 Airbnb 预定到当地普通家庭的空余房间,与主人一起使用家庭公共空间、一起在餐桌吃早餐,体验本地人的家庭生活。

但从法律角度而言,在 Airbnb、Booking、Agoda 等平台上销售的很多家庭房间,并没有获得营业执照,处于法律监管的灰色地带。2019年,日本出台了《民泊法》(注:笔者专门向日本籍旅游专家德村志成教授请教,德村教授特别指出,2019 年日本政府颁布的是《民泊法》,而非《民宿新法》。中国国内不少媒体在翻译时出现纰漏，错误翻译为《日本民宿新法》，需要进行勘误）。

《民泊法》出台的大背景是 2020 年日本东京即将举办夏季奥运会，当时预计会有数千万的国内外游客涌入东京，东京的旅游酒店房间数量将严重供不应求。为了缓解供不应求的矛盾，同时将原来处于法律监管灰色地带的"民泊"（特别针对"特别区"如东京大田区、大阪市、北九州市、千叶市等原本作为住宅、短期租给游客住宿的房间）规范化、合法化，让"民泊"成为旅游住宿体系的组成部分。为了防止奥运会之后对旅游酒店经营造成的巨大冲击，《民泊法》规定，"民泊"的一年经营时间不超过 180 天，主要在旅游旺季时可以经营，旅游淡季时歇业。

其实，在日本说到民宿，通常是指传统民宿，主要是指位于广大乡村的民房主人利用自家空余房间，为客人提供简易住宿和餐饮的住所。日本《民泊法》规定，民宿的房间数量控制在 5 间以内（根据测算，一户家庭的主人靠自身的时间精力和能力，可以照顾到的房间在 5 个房间以内），民宿的服务主要由主人自身来提供，而非职业化的雇员，更不是专业化的酒店经理来提供。日本民宿的最大魅力，就是保留了民宿的"自然"：自然的生态环境、传统的建筑风貌、淳朴的生活方式。与中国国内开民宿往往要投资几百万元甚至数千万元不同，日本传统民宿基本不需要大规模的资金投入，民宿主人在尽量保留建筑原貌和自然环境的同时，只投入少量的钱用于打造两个方面：地上的基础设施和地下的下水道。

日本的传统民宿与经营性旅游酒店有本质的不同：酒店提供的是标准化服务，民宿提供的是个性化服务；酒店提供的是职业化服务，民宿提供的是亲情化服务；酒店的负责人是总经理，民宿的负责人是"主人"。"主人文化"是日本传统民宿的精髓和灵魂。在日本，传统民宿只有"歇业"说法，而没有"破产"概念。民宿主人在旅游淡季主动不经营，或者民宿主人因为年老原因不再经营民宿,这些叫作"歇业",而"破产"是由于经营上入不敷出,或者资不抵债原因被迫停业。

（原文发表于 2021 年 3 月 27 日《中国文化报》,记者:张婷）

# 旅游文创产品如何做到既好看又好卖

在景区纷纷跳出"门票经济"思维后，旅游文创似乎成了各地景区的香饽饽。为促进文旅产业转型升级，大家都铆足了劲儿钻研、开发，产品琳琅满目，行业前景无限。

然而，有不少业内人士称，随着越来越多人和机构涌入旅游文创领域，市场更多的是停留在表面的喧嚣，关注者寥寥，销量长期处于"吃不饱也饿不死"的状态，令人毫不犹豫购买的爆款产品尚未出现。

更遗憾的是，有些旅游文创产业非但不能成为景区利润增长点，反而成为景区的财政负担，花钱又赔钱。甚至离开了景区补贴，某些旅游文创企业只能关门大吉。

与景区"热供给"形成鲜明对比的，是旅游文创产品消费者的"冷需求"。面对创意、质量、运营等诸多问题，旅游文创产品如何才能火出圈，让人们爱不释手想带走？

# 游客反馈

## 设计雷同长得像

"感觉各地景区商铺卖的银饰、帽子等东西模样都差不多。放一起都能玩消消乐了。"

## 商业味重少文化

"几年前逛古镇步行街时,感觉还行,不像现在太商业化了,真是一进去就想出来了。街上创意小店卖的小玩意儿好看是好看,可跟当地文化半毛钱关系都没有,扫兴。"

## 简单仿造不精致

"周末去逛了某古迹,路过文创店,本来想买个礼物给女朋友,可看来看去,没啥好买的,都做得太普通了。比如,人偶娃娃,就是把园子里的名人雕塑照葫芦画瓢缩小,做得很糙,拿不出手。"

## 审美落后

"我想买个民族风的包,结果跟朋友在景区逛了好几家文创店,也没发现合适的。说真的,这些包颜色多得像只锦鸡,为啥不根据现代人的审美设计下?完全不能引起我们的购买欲。"

# 经营负责人说

## 关键在于创意、产品实时更新
### 景域驴妈妈集团副总裁任国才

5 年前，旅游景区做文创产品，还属于"领先潮流"，到了今天，文创产品已经成为很多旅游景区的"标配"。5 年前，文创产品的创意和设计是"痛点"，到了今天，文创产品的运营和销售成了难题。

为什么大多数旅游景区的文创产品要么默默无闻，要么销售惨淡？核心原因是，市场在变，消费者在变，旅游景区的文创产品没有及时进行迭代更新，没有掌握消费者的最新需求变化。今天，旅游文创产品的主流消费人群是 Z 时代（1995 年至 2009 年间出生的人）。Z 时代的消费者，更加看重文创产品的个性和特色，更加注重文创产品带来的情感与精神体验。试想一下，5 年前流行款的 iPhone 手机，如果放在 5 年后的今天，还会有人购买吗？答案肯定是"太 OUT 了"，因为 iPhone 手机已经更新好几代了。但是，今天很多景区的文创产品，往往是几年前创意设计的，没有推出 2021 年度新款，也没有推出春季爆款。对于"喜新厌旧"的 Z 时代消费者而言，"文创产品"如果不"潮"不"酷"，宁可不买。

如何开发和运营好文创产品？首先，要从只注重文创产品的创意设计，到更多注重文旅 IP 形象策划设计，让文创产品形象化、故事化，"更好看、更有趣"。其次，要从注重文创产品本身的创意设计，到更多注重文创产品销售空间的创意设计，让文创产品场景化、体验化，"环境好、氛围好"。最后，要从注重传统的线下销售到更多注重互联网上的营销和销售，要做得了短视频，也做得了直播，让游客"足不出户就可以买到心仪的文创产品"。

## 通过文化创意直接触摸到其文化

*巅峰旅投总经理　李彬*

出去旅游我们总会带点小礼物回来,可是大多数旅游纪念品千篇一律,看上去材质劣,又不好看,而且不能满足游客的文化需求。

在创意经济迅速崛起的条件下,旅游业和文化创意产业融合发展的重要性日益凸显,"文创"出现了。如果有人对"文创"概念不了解,那么一提到故宫文创产品,大家一定都略有耳闻。文创产品以天马行空的丰富想象力融合文化与产品,赋予新的价值,这些产品或卖萌可爱,吸引眼球;或精致貌美,令人爱不释手。而旅游文创产品则更加突出对旅游文化的宣传。

于是文创产品的开发逐渐被各级政府、旅游景区、社会各界所重视,很多景区花几万元几十万元甚至上百万元来做文创产品的设计和研发工作,但收效甚微,最后买单成交者较少。从我们运营过的景区可以大概地分析出游客的心理。

第一,文化的认同:很多景区为了文创而设计文创,往往是纪念品不像纪念品、宣传品不像宣传品,感觉不到文创产品内在的价值。各地区之间的文化差异性较大,但设计出来的产品雷同较多,仿造多创新少,缺少自己的文化灵魂,不能激起游客的购买欲望;也有的景区设计的产品因为只注重了当地区域的某个文化特色,但没有做到文化内核的延伸,满足不了游客在不同区域文化景区中寻找的归属感,所以只驻足观看而不为此买单。

第二,价格的认同:大多文创产品都是为某一特定区域或者是某一景区单独设计制作的独家产品,所以生产销售成本无疑就比较高,但常规游客能够接受的伴手礼价格普遍在 10 元至 80 元,占市场的 70%,所以价格高也是造成销量不好的因素。

第三，实用性认同：设计师往往追求的是设计的美学、每个作品的完整度，往往忽略了产品的实用性，而游客更在意的是这个东西我拿回去以后用来干什么，送人的话，别人会不会经常拿出来用，从而想到是我送的。

第四，价值的认同：很多文创产品感觉类似，在景区的应用大概也就是换一个 logo 或者外形，体现不出产品的价值所在，买回去以后大多也是丢在角落蒙上一层灰，所以文创产品一定要体现收藏的价值，让游客觉得值得买。

第五，参与的认同：文化商品具有文化情感、故事性，游客买到这个产品之后是具有代入性的，是可以引起精神上的共鸣的，以此来满足游客对商品的需求、文化的认同。但现在很多的景区缺少带有差异文化的体验场景，故事表述不完整，不能引起游客的情怀，没有很好地从自身资源为依托，文化旅游资源缺乏显性，没有让游客体验到文化的差异或新奇性，缺少了互动性、体验性、参与性，所以游客没有购买文创产品的欲望。

总之，文创产品的意义是通过文化创意架起一座沟通文化的桥梁、奉上一场文化盛宴。让人们通过文化创意直接触摸到其文化，是发展文化创意事业的出发点，也是落脚点。

## 光靠设计、靠 IP 还不够
**峰物文创品牌创始人　吴　晖**

从这个问题的提出，实际上就已经反映出了很多景区对于文创开发的误区。文创是什么？首先要正确地理解。顾名思义，文是一个名词，代表的是地域文化；创是一个动词，代表创新、创意、创造的动作。旅游文创，是将城市、地域文化创造为文化符号，以文创商品为载体，传播推广并满足广大游客体验式消费需求。之所以游客会感觉到景区好像做了文创,但不好看又贵,根本不想买的问题,是因为景区没有正确和专业地去开发自己的文创,看到故宫成功了,但知其然不知其所以然。

开发景区文创的出发点一定是市场,是目标客户的需求。挂上文创的标签,并不代表这个可以脱离作为一个好产品的本质要素——物美价廉。市场是无形的手,消费者买不买单是硬道理,要以游客想买的文化故事、品种、功能、价格为出发点,倒推产品研发的各个环节。对于景区来说,一是要正确认识自己,认清市场,认真做文创。要做好文创,专业性是成功的保障。景区不具备专业文创开发的能力,就要找到专业的合作商来服务。也要有投入产出的概念,有预算有专班。文创不是光靠设计,也不是光靠IP,这是一个完整的产业链条。品牌—IP—产品设计—产品打样—产品大货—线下线上店面—营销推广,所有的环节都要做到位,最后才能呈现出既叫好又叫座的文创产品。

## 专家观点

### 要让游客有体验过程

中国旅游研究院副研究员　胡抚生

旅游文创近年来成为关注的热点,各地纷纷推出形式多样的文创产品,但从实际效果来看,能让人印象深刻、叫好又叫座的产品并不多,建议可以从以下几个方面加强文创产品开发。

一是文创产品开发要与当地非遗资源充分结合。各地都有丰富的非物质文化遗产资源,但与文创产品结合还不紧密,可以加强对当地民间文学、曲艺、传统戏剧、传统技艺、传统美术、民俗等非遗资源的深度挖掘,将非遗资源融入旅游环境,让非遗传承人参与到文化创意产品设计中去,让文创产品能够充分体现地方文化特色。

二是文创产品开发要让游客有体验过程,而不仅仅是成品销售。文创产品开发不能总是围绕传统零售模式转,而应与游客的深度体验过程相结合,可以设计一些让游客能够深度体验设计、制作、包装以及销售全过程的文创产品,打造有游客体验烙印的定制化产品,让游客记得住、愿意买。

三是文创产品开发不在多,而在精。文创产品不能局限于附加值低的旅游纪念品,可以围绕着中高端产品做文章,加强人员、资金、设计、包装、场地等全方位的支持,打造文创精品,特别在资金方面,可以结合政府引导基金投入,吸引更多社会资本参与文创产品开发。一个地方能够打造几个见人见物见生活、有礼有面有价值的文创产品就是成功。

## 内做价值、外塑形象
北京青蓝文旅规划设计院院长　马牧青

文化故事是文创产品最重要的IP,而且文化故事一定是与景区本身属性一致,是一种文化内核的延展,游客在体验景区中通过购买其文创产品满足文化的归属感,不仅如此,还能把这种旅游乐趣通过文创产品带回家,分享给亲朋好友等。

IP不仅限于吉祥物、漫画卡通形象,也可以是物产、人物、文化或是特定的节庆活动等的核心吸引物。开发设计文创商品,不能仅限于产品的本身,围绕景区中"有趣""有用""有文化内涵"来做文章,聚焦不同消费群体的不同诉求点,要么"刚需"、要么"痛点"、要么"高频"的诉求,开发设计出识别度高、形象鲜明、有正向价值观、高颜值的时尚设计表达,设计开发产品使用场景越多,越能"走心"出爆款,关注度自然上升,这种转化率就越高,品牌价值就会叠加,进而形成强势"网红""打卡地"的旅游品牌。简单的一句话,就是内做价值、外塑形象。

景区文创IP产品的重要作用还有制造话题,通过"文化＋设计"创意的融合,形成了一个个病毒式的营销范例。当下传播最厉害的渠道即是互联网端的口碑传播,年轻人群构成了互联网上口碑传播的主要力量,旅游文创 IP 产品与年轻人群的传播痛点完美契合。在景区文创商品的开发过程中,要用系统的文创思维来构建完整的消费闭环,以线上线下运营思维来打造强势 IP 内容,要思考淡旺季的影响来优先解决立体化的消费渠道,要找到消费痛点来提供最好的产品和体验。

（原文发表于 2021 年 2 月 6 日《中国文化报》,记者:张婷）

# 基于市场角度的文旅融合策略与方法

文旅融合，早在改革开放之初就已经开始。中国第一批接待外国游客的旅游景区，包括北京故宫和长城、敦煌莫高窟、西安兵马俑、杭州西湖等等，几乎都是依托中国传统文化资源开发的旅游产品。相比自然山水旅游，这些具有强烈中国文化符号和深厚中国文化内涵的文化旅游，更受外国游客的欢迎。这是入境旅游的市场选择。

改革开放之后，国家文化部、国家文物局、国家旅游局在行政管理职能上相互独立，文化单位（如剧院、电影院、剧团等）隶属于文化部管理，文保单位隶属于文物局管理，旅行社、饭店、旅游车船公司隶属于旅游局管理，文化和旅游人为地"被分家"了。2018年4月中华人民共和国文化和旅游部的成立，在机构上实现了文化主管部门和旅游主管部门的融合，"已经走进了一家门"。文化和旅游部成立两年多来，从国家文旅部到省（区市）文旅厅到地市州文旅局和区县市文旅局，原来的文化干部和旅游干部在意识上正在融合，"逐渐成为一家人"。下一步的关键，是如何让文化市场主体（各类文化事业单位和文化企业）和旅游市场主体（各类旅游企业）彼此融合发展，如何从市场角度逐步实现文化和旅游"你中有我、我中有你"的深度融合。

# 一、行业痛点与发展困惑

## 1. 文化：专家叫好市场不叫座

　　传统文化市场主题生产的文化产品，主要追求艺术性和专业性，对市场需求的研究相对忽略，长此以往，将造成文化产品的曲高和寡，与需求多样化、用户年轻化的文化消费市场逐步脱节。随着政企分开和国企改制，很多传统文化事业单位和企业不得不转制，但转制后持续经营亏损，造成企业生存和文化创作后继乏力，文化人才流失严重。旅游人评价常规文化产品："太清高、不接地气。"

## 2. 旅游：市场叫座专家不叫好

　　传统旅游企业生产的旅游产品，主要追求市场效应和经济利益，"只要游客喜欢、企业有钱赚，就开发什么"。为了顺应旅游市场需求的变化，快速迎合大众市场的旅游需求，各地生产的旅游产品往往陷入低水平重复建设，部分旅游产品粗制滥造，逐步落后于中高端旅游者快速提高的审美情趣和精神文化需求。文化人评价常规旅游产品："太低俗，缺乏品位。"

## 3. 旅游市场与文化市场的关系

　　旅游市场以大众市场为主，特点是快节奏尝鲜，往往是异地化（外来游客）消费，旅游消费者追求互动与体验，简单而言："好看、好玩。"

　　文化市场以精英市场为主，特点是慢节奏细品，往往是本地化（本地居民）消费，文化消费者讲究熏陶与感悟，简单而言："细嚼、慢品。"

　　文化市场和旅游市场相对独立，但也有交集，这个交集就是文化旅游消费市场,即外来游客中对目的地文化产品有偏好且消费文化产品的客群。这个客群既包括付费观看本地演出、展览、剧目的游客,也包括免费参观博物馆、图书馆、文化馆的游客。这些客群,是对本地文化市场的补充和规模的拓展,可以让本地文化产品得到更大规模的市场支撑,也为本地文化产品走到更为广阔的异地市场奠定了基础。

## 二、市场角度的文旅融合优秀案例

### 1. 文化向旅游融合的案例

典型案例:北京德云社、天津名流茶馆

北京德云社,在传承传统相声艺术基础上,加入时代元素和现代故事,融合跨界艺术,形成广受年轻人喜欢的新派相声,逐渐成为北京的文化旅游名片,很多喜欢相声的年轻游客到北京必看"德云社相声",部分相声迷甚至为了听德云社相声专程来北京,也让德云社的大本营——原天桥乐茶园成为北京文化旅游网红景点。

### 2. 旅游向文化融合的案例

典型案例:杭州《宋城千古情》、北京《功夫传奇》、桂林《印象刘三姐》、武汉《知音号》

《宋城千古情》是为了解决 20 世纪 90 年代杭州市夜间旅游产品不足,依托杭州城郊的南宋主题公园——宋城景区,专门为国内外旅游者打造的旅游演艺节目。不同于传统剧院上演的演艺节目,《宋城千古情》旅游演艺主要是根据外地游客的需求,选择杭州最具知名度和识别度的地方文化故事进行创作,全剧包括《良渚之光》《宋宫宴舞》《金戈铁马》《西子传说》《魅力杭州》五个片段,并用先进的声、光、电科技手段和舞台机械,以出其不意的呈现方式演绎了良渚古人的艰辛、宋皇宫的辉煌、岳家军的惨烈、梁祝和白蛇许仙的千古绝唱,带给观众视觉体验和心灵震撼。同时,充分考虑旅行社组团的时间要求和游客的欣赏习惯,每场演出控制在 60—70 分钟,能够保证旅游旺季一天演出多场,提高场馆的使用效率,提高演出的经济效益。时至今日,杭州《宋城千古情》已经成为杭州市重要的文化旅游名片,其出品方宋城集团也发展成为中国旅游演艺的领军企业。

## 三、市场角度的文旅融合策略与方法

### 1.文化资源的旅游产品化开发

对还没有产品化的地方文化资源(如耳熟能详的传说故事、特色民俗、国家级非物质文化遗产、地方名人、重要历史事件),从面向旅游市场、服务旅游者的角度,按照旅游产品的开发思维进行创作和开发,产品表现形式包括:文化旅游演艺、文化旅游景区、文化主题乐园、文化旅游节庆、文化体验活动等。如张家界《天门狐仙》旅游演艺,取材"刘海砍樵"的传统民间故事,通过旅游演艺的方式对民间故事进行演绎和展示,受到旅游者的欢迎。

### 2.文化产品的旅游市场化开发

针对已经开发出来的文化产品(如文化剧目、文化节庆等),在过去的只面向文化消费市场和面向本地市场的基础上,主动面向旅游消费市场,特别是要主动拓展外地来本地的文化旅游消费市场,从而实现外地市场与本地市场的兼容、文化消费市场与旅游消费市场的兼顾,如明星演唱会、经典演出剧目等。

文化产品的旅游市场化开发方法有如下几种。

● 开发旅游版本的文化产品:如同样的文化剧目面向旅游市场时,可以缩短节目时间(旅游演艺的最佳时长 60－80 分钟)、提炼重点(突出游客最耳熟能详的故事和题材)、增加互动(让演员与游客互动、让场景与游客互动、甚至让游客也成为临时演员),从而成为旅游版本的文化剧目。2018 年,苏州市依托世界文化遗产沧浪亭开发了夜间沉浸式精品演艺——《浮生六记》(清朝苏州文人沈复和芸娘的爱情故事),票价 1680 元/人,每场演出只能接待 30 名观众,观众绝大多数是苏州本地的精英文化人和高端政务商务客人。2020 年,在沧浪亭对面的可园,开发了面向大众版的文化演艺——《浮生记》,时间进行了压缩,票价也下降到 100 多元,每场可以接待 200 人。如果《浮生六记》是精品文化版,那么《浮生记》就是大众旅游版。

● 增加文化产品的旅游衍生消费:如文化衍生品创意开发、文化衍生品营销销售。上海迪士尼小镇内的华特迪士尼剧院,常态化演出迪士尼经典剧目《狮子王》,在剧院的大厅有专门的主题商品区,展示和售卖与《狮子王》IP 相关的各类文化衍生品,包括《狮子王》碟片、T 恤、笔记本、水杯等等,价格从几十元到几百元不等。绝大多数观众在观看演出的前后,都会在主题商品店选购《狮子王》的主题商品。

### 3. 旅游资源的文化包装与故事演绎

传统的自然山水型景区"只见山水没有人文",绝大多数游客难以产生共鸣。因此需要挖掘当地的历史文化元素(如神话传说、民间故事、地方民俗等),进行故事演绎和文化包装,赋予自然山水以文化内涵,让自然山水"好看之外,还要好听、好品"。如给地质公园的特殊景观取名、对策划加入文化故事的自然景区写导游词,可以让旅游资源更有魅力,对游客产生更大的吸引力。如杭州西湖,之所以在中国众多西湖中独领风骚,是因为有许仙和白娘子的故事和景观(断桥残雪)、苏东坡的诗词(《饮湖上初晴后雨》:水光潋滟晴方好,山色空蒙雨亦奇。欲把西湖比西子,淡妆浓抹总相宜);新疆天山天池之所以比全国其他天池更有魅力,是因为有周穆王与西王母的爱情故事。

## 4. 旅游产品的文化营销与文化再开发

很多旅游景区之前纯做旅游和游乐,缺乏文化底蕴和持久生命力。按照文旅融合 IP 思维,需要对旅游产品的文化体验进行提炼和开发,打造成为文旅 IP。如大云镇开发云宝 IP,再以云宝 IP 衍生开发文化产品(如云宝音乐剧、云宝少儿读本、云宝动画片等)和旅游产品(云宝房车营地、云宝科普体验馆、云宝主题旅游商品等)。乌镇论资源本底位列江南六大古镇,属于古镇中的第一梯队,但如何才能从江南六大古镇中脱颖而出? 2007 年,乌镇邀请刘若英担任代言人,"来过,不曾离开"的口号突出了古镇的休闲文化与安逸生活。2001 年,通过几年时间创建 5A 景区的努力,乌镇成为嘉兴市首家、浙江省第四家 5A 级旅游景区,实现江南古镇到 5A 级旅游景区的华丽提升。2013 年 9 月,陈向宏、黄磊、赖声川、孟京辉共同发起乌镇戏剧节,国内外最新的戏剧在古镇相聚和碰撞,为古镇增添了新的文化内涵和时尚气息。时至今日,乌镇已经举办了七届戏剧节,乌镇戏剧节已经成为乌镇的文化名片,吸引了全国乃至全球的戏剧爱好者来到乌镇。2015 年,乌镇新建的木心美术馆落成开放,常态化展出从乌镇走出去的现代著名艺术家木心的画作,增加了古镇的艺术内涵和文化体验项目。古老的乌镇,现代的艺术,本地的居民,外来的游客,乌镇的旅游与文化在新时代实现了更深度的融合。

"市场大势,分久必合,合久必分。"文化和旅游的融合,是历史发展的必然。让文化多一点"烟火气",让旅游多一点"文化味",要基于市场角度进行文旅融合,循序中渐进,润物细无声。市场主导的文旅融合,不在乎速度,更在乎效果;不在乎数量,更在乎质量。这样的文旅融合,才是可持续发展的、经得起市场考验的、更有生命力的融合。

(原文发表于 2020 年 11 月 18 日《中国旅游报》,并入选《中国旅游评论》2020 年第四辑)

# 旅游行业用好公募 REITs 的关键要点

2021 年 8 月 27 日,由中国社会科学院旅游研究中心和新旅界联合举办的第十五期中国旅游创新(TIC)沙龙在线举行。本期沙龙围绕"公募 REITs 如何助推旅游景区高质量发展"这一主题,邀请来自产业界、金融界、学术界和行政部门的资深人士,研判公募 REITs 对旅游行业的影响,探讨旅游景区如何利用好这一新的融资手段实现高质量发展。笔者应邀出席沙龙并发表演讲,以下为笔者演讲实录。

尊敬的宋瑞主任、各位专家、各位业界同仁,大家好。很荣幸应邀参加第十五期中国旅游创新(TIC)沙龙,与大家就"公募 REITs 如何助推旅游景区高质量发展"这一主题进行探讨交流。针对这个主题,近期我向几十位旅游目的地政府领导和 5A 级景区负责人进行了调研。从我调研的情况来看,业界对 REITs 非常关注。过去旅游从业者对金融知识是比较缺乏的,金融和旅游业打通的工作做得比较少。7 月份发改委和证监会出台 REITs 这个文件,给旅游行业人士吹了一个风,表明了国家在关注旅游基础设施金融化问题,让专业化的金融人才更多地关注和介入旅游业。

我个人一直在从事旅游行业，至今已有 20 年时间，前 10 年主要是做策划、规划、设计工作，形象地说是"把资源变产品"，后 10 年主要做品牌营销、运营管理等工作，简单来说是把产品变成品牌，把品牌传达给消费者，促成消费者的购买行为。我所在的景域驴妈妈集团在市场竞争中获得快速发展，关键有两点：第一个是对市场需求变化做出快速反应，根据市场变化快速做出内部组织架构调整；第二个是大量应用了金融创新，驴妈妈旅游网就是用风险投资的模式，运用了大量企业之外的风险投资和社会资本，从而取得了比较快速的发展。

回到今天的主题，我与诸位重点分享五个方面。

# 一、中国旅游投融资现状

我一年有 200 多天在各地出差以及考察项目，对整个中国旅游投融资现状了解比较多。对于旅游经营性项目投资，旅游国企更偏向于资源依托型的综合开发。国企的特点是公益性和经营性兼顾，如果按照房地产来讲，有点像一二级联动，如开发一个大型风景名胜区或旅游区，大量的基础设施投资是一级开发，经营性项目投资是二级开发。

上周我跟某国企老总谈一个高等级景区的开发，他们的思路非常明确：我们不是以赚钱为主要目的，主要目标是资产的保值增值。简单来说，资金投下去以后，资产能够进入报表，能够保值增值就行了，至于多少年回收、一年产生多少利润，不是他们主要考虑的目标。国企的投资更多代表政府意志，追求的是在基本保本情况下的外部效应。

民企的特点是它的投资主要是旅游要素投资，主要投向景区、酒店、旅行社、民宿、旅游地产等经营性项目。按照房地产来说，有点像地产开发的二级开发，追求利润比较高、回报率比较高、投入产出周期比较短的项目。

外资方面，我们看到在改革开放 40 年以来，早期需要外资进来投资旅游，但这几年外资纯资本的投入越来越少，大量是轻资产的投入或者品牌输出的模式。

这两年在旅游行业，绝大部分省份都成立了省级旅游投资平台。在东部、中部的地市，70％以上都成立地级市文旅集团。到区县一级，大概有50％以上成立了区县级的文旅投资公司。这些国有文旅集团基本把每个区县、地市、省份比较好的资源拿在手里，所以国有文旅集团大部分投资是资源依托型的，即依托于人文古迹、自然山水等不动产进行旅游综合开发。

旅游基础设施投资是什么状况呢？从我的调研和实地考察当中看到，一旦涉及跨行政区域的基础设施投资，基本都是各种央企主导；行政区域内的投资，大量是政府平台公司通过贷款、举债、财政拨款等方式投资；旅游景区、度假区范围内的投资，都是开发公司自己筹集资金。

## 二、旅游基础设施投资制约与不足

现在中国旅游基础设施的投资，大量是政府意志导向。政府看到了旅游的外部性效应、旅游的富民效应、旅游对地方品牌的效应，以及对相关产业带动的效应，便会进行投资。投资过程中，一次性投资下去以后，后续二次投资明显乏力，再投资的资金来源缺乏。加上旅游业资本转化率低，尤其在基础设施上，经营项目本身的资本化也很低。旅游行业那么多企业，上市公司中旅游企业的比例是很低的，在这种情况下，旅游基础设施投资中的二次投资很容易遇到瓶颈。

### 三、疫情反复下旅游投资痛点与困惑

我们在调研当中发现,地方政府对恢复旅游很着急,但又都在重新评估旅游的价值。因为政府也在不断选择未来能够带动当地发展的行业,在原来旅游市场迅速扩大,旅游消费红利对地方经济拉动比较明显的情况下,地方政府无论旅游本身赚不赚钱,即使投资回报算不清楚,但只要能够看到整体富民效应和吃、住、行相关的拉动效应,投资旅游仍然是很多地方政府不约而同的选择。

在今天的疫情背景下,旅游活动大幅度减少,这样政府再进行旅游投资的信心就会降低。首先考虑的是投入以后真正能够产生的门票收入到底有多少;其次是在客流不足的情况下,其他二消收入怎么体现。

而民营企业投入旅游的积极性几乎降到了冰点,简单来说,民营企业不敢再投了。

在民企不敢投的情况下,政府犹豫着要不要投。但是在没有更好产业供选择的情况下,投资旅游又是地方政府次优的选择或者不得不的选择。这种情况下需要把景区变成一个平台,地方政府带头做一部分基础设施投入,吸引和支持民营企业来进行旅游要素投入。

### 四、如何用好旅游基础设施 REITs?

REITs 向旅游行业进行了部分开放,也进行了试点,这是一个利好消息。但很重要的一点,金融资本是逐利的,如果旅游基础设施 REITs 发行成功,投资人一定是看重收益的稳定性和收益增值是否达到预期。旅游景区投入基础设施的那部分资金,靠什么来回报给投资人?可能更多是靠门票。但 2018 年国家发改委发布过一个文件,要逐步降低重点

国有景区的门票价格。5A 级景区 80％以上是国有景区,所以门票上涨和宏观政策是背道而驰的。所以到底哪些收益能够支持起 REITs 的回报预期? 这意味着景区需要开发出更多的盈利性的内容,来支撑起对投资人的投资回报。

现在旅游行业大量的基础设施投资是投资在道路上。上次某地县长给我打了电话,说他们的景区投资了那么多基础设施,大部分是公益性的,旅游开发中还产生了环境建设的投入,这些在门票收入中很难体现,能否通过绿色 GDP 指标,把环境投资也作为基础设施的一种,通过门票和绿色 GDP 来进行衡量和变现?

这个问题其实是我们对旅游基础设施的界定的问题。过去的旅游基础设施大量是道路,未来能否把基础设施的外延扩大,比如涵盖景区交通车、缆车、索道等多样化的交通工具(这些交通工具的收益是最稳定的)。如果把旅游基础设施的外延扩大,当投资者购买 REITs 的时候,就能够清晰地看到有哪些收益可以支撑回报。同时,也能把很多没有确权的基础设施明确产权和收益权,比如很多旅游公路都没有进行资产评估和确权,将其未来对这些资产进行重新评估和确权,打包成为资产包,纳入经营主体当中,对整体资产进行信用评级,从而让它的融资或者投资者购买 REITs 的时候有一个信用参照。

国有固定资产和无形资产的量化流程和规则的制定比较繁琐,没有特定方法和方式,全过程风险系数较高,需要 REITs 专业服务体系的构建,引入专业团队。

用好旅游基础设施 REITs 有几个关键点。REITs 对地方政府来说是拓宽了融资渠道,对机构投资人来说是增加了投资品种,但是它最基本的逻辑是要有合理的投资回报。

第一,"管得好",要有专门做旅游基础设施 REITs 的基金管理公司。总体而言,金融公司对旅游行业的属性了解是不足的,比如旅游行业的规律、特征和自身存在的痛点和机遇，这就需要既理解投资人需求也理解旅游行业的特殊需求的专业化的公司一起参与。筛选这样的金融公司也是未来的重点工作。

第二，"募得到"，说服投资人购买 REITs，很重要的前提是投资对象的信用评级。过去旅游项目建设更多是以国有担保为主要的方式来做资金募集的，但如果要发行 REITs，就要对自身的信用不断进行积累和评级，让专业金融机构介入，让你发的 REITs 能够更好地让投资人看到你未来的收益权，以及变成相关的文书来进行固定。

第三，"投得好"，对基础设施的投资要更加专业化。此前很多基础设施纯粹是公益性投入，只要搞得到钱，投进去再说，至于有没有收益，这不是当地政府关心的，最后广而化之是它有综合效应。现在对旅游基础设施再投资的时候，要每个投资都能够测算得出来它当期的、近三年的、未来的收益，并且变成一个比较确切的收益预期。这就意味着旅游投资需要有更加精准性的导向，要有经济效益导向的结果。

# 五、几点建议

这次 REITs 的范围是国家 5A 级景区和世界自然文化遗产。第一个，5A 级景区。截至 2021 年 6 月份 5A 级景区是 306 家。我也专门梳理了 5A 级的评级，从 2006 年的第一批 66 家，到 2011 年时有 119 家。2011 年到现在是 10 年时间，这 119 家 5A 景区的基础设施，也到了需要改造、升级的时候，需要进行再投入，它本身有这样的诉求。另外，原来的 5A 级景区更多偏向硬件，经营性的业态和产品总体是比较薄弱的。我考察的 200 多个 5A 级景区当中，资源都非常好，但营收压力也非常大，因为经营性业态很弱。所以，现在对于很多 5A 级景区来说有双重挑战，一方面是基础设施的升级和维护；另一方面是用一些社会化资本、经营性资本和运营导向机构的介入,使经营性的业态和产品的开发更加精准,因为经营性业态和产品收益更明显。

我们也在大力参与老景区的改造,而且这个改造不仅是策划层面的改造,还是运营导向的改造提升,把经营性的业态导入进去,产生更多的旅游体验和旅游收益。

第二个,世界自然文化遗产。截至2021年中国有56项世界自然文化遗产,世界遗产的本质属性和最核心要求是"保护",然后是教育功能、科普功能。像西湖、大运河、良渚古城等世界遗产,固然有旅游的重要价值,但是本质上来说旅游经营和商业开发不是它的主要目的,对地方政府来说,都把它当成一种责任,一种公益型的,一种社会事业的组成部分。良渚古城的投入远远大于它现在的门票收益和二消收益。所以世界自然遗产地发行REITs,要从它本身的收益当中取得很好的回报,这个是非常难的事情。

所以我建议要更客观地结合旅游行业自身所处的情况,刚才说到的是306家5A级景区需要进行分类分级,不同年限的景区对基础设施的要求都不一样。另外,对世界自然遗产地来说,还是应该强化它的保护功能,所以REITs在世界自然遗产地的应用估计会小一些。

另外,我个人建议应该把国家级旅游度假区的基础设施纳入这个范围,因为旅游度假区数量已经不少了,国家级的有45家,很多旅游度假区所在地的政府财力偏弱,非常需要在基础设施方面提高配套等级。而且国家级旅游度假区可以通过土地出让、一二级联动开发等方式来创造收益,这对REITs的投资回报来说有更好的保障,可以增加投资人的信心。

我觉得任何一个新生事物,只有让它能够发展起来,才会可持续。过去5A级景区中公益性设施和商业化业态的边界比较模糊的,通过REITs的方式和金融的手段,促使景区对原来的资产进行重新确权、评估,加快信用等级的评定,把原来的模糊的收益变成可预期、可量化的收益,这对旅游行业的健康发展非常有价值,也促使旅游投资走向专业化。

(原文发表于 2021 年 8 月 27 日《新旅界》)

# 县域文旅品牌运营的产业视角新思考

9月10日,2021广东文化和旅游产业投融资对接会之"县域文旅专场推介会暨县域文旅发展论坛"在广州国际会展中心举办。本次活动由广东省文化和旅游厅、广东省地方金融监督管理局主办,南方财经全媒体集团承办,广东省旅游协会投融资专业委员会、广州岭南集团控股股份有限公司、执惠集团协办。笔者应邀参加并发表主题演讲"县域文旅品牌运营的产业视角新思考",以下为演讲实录。

## 一、资源为基石,创新打造文旅 IP

旅游最大的特点在于人员的流动。游客的流动是随机的,游客的旅游选择越来越多,因为营销推广与项目开发同等重要。在我走过的1095个县(市、区)中,能够给人留下深刻印象的地区除了自身的山水风光外,最主要的是它拥有独特的故事和 IP。我一直从事于此,也在不断地研究和总结实践案例。

因为旅游是外向型经济,单纯自己说自己资源丰富是没有用的,一定要站在市场角度来思考。我们发现,站在资源角度和站在市场角度评判的结果差异非常大,"我是谁"不重要,重要的是用户心中"你是谁",这是我们长期在市场运营中最重要的体会。

北京环球影城将于 9 月份正式开业,但是其中功夫熊猫园区的知识产权却不属于中国。"功夫是中国的,熊猫是中国的,但《功夫熊猫》是美国(梦工厂)的。"我们还发现一个数据,环球影城试营业的这些天,功夫熊猫园区很火,但功夫熊猫的"正宗老家"——成都大熊猫基地的游客数量却没怎么增加。通过全国各地的考察调研和十多年的实践研究,我们发现,现在旅游行业已经从 1.0 版的"资源为王"时代,到 2.0 版的"产品为王"时代,到 3.0 版的"品牌为王"时代,再到 4.0 版的"IP 为王"时代,长三角、珠三角等沿海地区的旅游业,正处于第三到第四阶段的状态,资源是基础,却不再是核心。

这就是为什么我们要花更多的时间精力去研究市场规律的原因。因为旅游发展面临的市场发生了重大变化,中产阶级的规模增加了,消费需求在快速演变。中产阶级需求的最大特点,是从过去的功能性消费到现在的情感性消费,打动消费者的点,越来越不是资源本身,而往往是产品里其他的要素,或许是品质感,或许是氛围感,又或许是颜值。因此,我们的旅游产品也要顺应时代,一定要把县域目的地的鲜明形象和独特定位传递给旅游消费者,如此才能打动旅游者吸引旅游者。

我们发现,现在旅游市场的产品同质化现象越来越普遍,很重要的原因是没有自己的故事,或者故事讲得不够好,缺乏自己的 IP。旅游业不是一个像金融业资金快进快出的行业,而是一个需要用匠心精神慢慢打磨的行业。我们要做好时间和精力的准备,慢慢打磨自己的 IP。打造自身的 I,将会产生很大的价值:一是作为引客要素,通过 IP 形象拉近与游客的沟通距离,把当地故事和内容与游客提前进行互动;二是打造独特体验,把目的地独有的文化基因通过内容来呈现,为游客创造独特的旅游体验;三是延长产业链条,成为内容生产的源头,未来在文旅产业链条上,赋能流量、用户、产品,整合形成一体化。

此外,还有一个很重要的是知识产权体系的建立。只有健全知识产权体系,才能做各种各样的产业延伸开发,把旅游 IP 延伸到农业、延伸到民宿等业态,从而取得综合性的收益。

我个人总结出了一个文旅 IP 公式:文旅 IP＝品质旅游＋文化故事＋知识产权＋产业效益。

## 二、实践出真知,品牌建设出新招

在这里,我分享三个案例。

第一个案例是福建省永泰县。2017 年我们给永泰旅游品牌进行全新升级,策划"永泰自然来"的品牌口号,呼应了当下的市场需求和时代热点,既体现资源,又体现人文品质。我们打造的全新口号,赋予了永泰县全新的价值观和画面感,让游客从这个地区获得独特的体验感。

首先,"自然应该来"号召游客应当来永泰,暗示永泰是一个理所应当该来的旅游目的地;其次,"来感受自然"凸显永泰自然资源,来到永泰就能体验到这里的自然山水之美;最后,"自然获得永泰"凸显永泰人文特质,来到永泰自然而然就能获得内心安宁,永康安泰。

品牌策划好之后,接下来是营销推广。营销推广要有自己的创造性,怎么样做到线上线下的整合性营销推广?在线上,我们锁定家庭和白领类客群,以互动 H5、短视频或其他形式传递永泰康养的森林呼吸特色,从而自制话题、掀起热度,与媒体精准互动;在线下,我们将永泰夏季旅游宣传主画面作为硬广强势覆盖,借助户外媒体达到持续传播的效果;另外,通过在杭州、温州、南昌三城定制永泰创意旅游体验店等地推活动,吸引用户关注,达到了良好的品牌整合传播效果,成功激活了客源市场。

第二个案例是浙江省安吉县。安吉帐篷客酒店是中国野奢度假酒店 IP 的开创者。安吉帐篷客酒店选址在溪龙乡万亩白茶园内，安吉的茶园资源很多，溪龙乡的茶园资源也不是顶尖的，但我们通过深入考察和专业的策划设计，把万亩白茶园的资源价值充分释放出来，并增加新的环境和文化价值。我们的设计理念是"重环境、轻建筑、精布局、玩风情"，最终让安吉帐篷客酒店既有个性的故事、也有独特的内容，吸引媒体慕名而来，免费宣传报道。

第三个案例是山东省平阴县。平阴县一直没有自身的文旅品牌定位，导致旅游开发缺乏引领性和导向性，结果出现三大问题：在资源层面，产业名片、文化名片、山水资源没有转化成旅游核心吸引力；在市场层面，区位上既是热点中心位置，也是旅游洼地，有客源市场却无法引导客流；在品牌层面，产业品牌僭位，无法撑起平阴文旅品牌的使命和任务。

通过对区域和产业的深入考察，我们发现，平阴县有二十多万亩玫瑰种植基地，我们提出面向全国的创新品牌定位——"中国首个女性友好目的地"，以"女性"为创新突破抓手，发挥平阴旅游资源优势，制造注意力工程，吸引市场和资本关注，撬动平阴全域旅游发展。如此，不仅有机会填补"中国女性友好目的地"品类市场的空白，而且可以通过女性打开客源市场。

综上，创造市场定位和品牌定位的第一或唯一，是我们帮助旅游目的地在激烈的市场竞争中出奇制胜、后来居上的最优路径。品牌建设的关键，要有品牌体系的建立和与消费者情感的持续连接。

以上就是我的分享，谢谢各位！

（原文发表于 2021 年 9 月 10 日《广州文旅投融》）

# 如何创作"打动人心"的旅游形象口号

在快消行业,广告语已经被广泛应用并发挥了巨大作用。在旅游行业,旅游形象口号也得到越来越多的重视,大多数旅游目的地都有了自己的旅游形象口号。然而,很多目的地的旅游形象口号,往往不被游客认同和市场接受,也没有达到预期的品牌营销效果。本文在对国内外几百条旅游形象口号分析研究的基础上,总结出旅游形象口号的五种类型、旅游形象口号的三维评价体系、旅游形象口号创作的三重境界,并提出旅游形象口号创作的方法论,希望对目的地的旅游形象口号的策划创作提供参考和借鉴。

## 一、宣传广告语的能量和价值

"农夫山泉,有点甜。"1998 年,随着农夫山泉的"课堂"广告片在中央电视台播放,这句广告语飞越千山万水,传遍大江南北,品牌知名度迅速打响,带动农夫山泉的销售量直线上升。中文有"甘泉"一词,意思就是甜美的水,农夫山泉的水取自一级水源保护区千岛湖 70 米以下的深层水,"有点甜"以口感承诺作为诉求差异化,借以暗示水源的优质,使农夫山泉形成了感性偏好、理性认同的整体策略,同样也使农夫山泉成功建立了记忆点。针对当时主要竞争对手乐百氏主打"27层净化的纯净水"，农夫山泉将自身定位为天然水，高举反对纯净水的大旗，通过"有点甜"向消费者传递"农夫山泉才是天然的、健康的"。针对消费者，"有点甜"意味着甜蜜、幸福、欢乐。农夫山泉的广告语创造出显著的差异性，建立起鲜明的个性，取得了品牌和销量的双丰收，因此被人民日报等新闻媒体评为最好的广告语。

"我们不生产水，我们只是大自然的搬运工。"2016年，农夫山泉成立20周年，推出了新的宣传广告语，再次引起公众的广泛关注，也让农夫山泉"环保、天然、健康"的产品理念和品牌形象更加深入人心。农夫山泉的广告策略有五个原则：原则一，创造显著的差异性，建立自己的个性；原则二，力求简单，只要一点，容易记忆；原则三，符合产品的特性，突出产品的优良品质；原则四，建立面的纵深，配合、烘托产品特性；原则五，针对消费者，要让他们感觉美好。

2016年，农夫山泉击败怡宝，成了国内矿泉水第一品牌。2017年，农夫山泉股份公司年营收达到162亿元，2018年公司年营收超过200亿元，成为中国瓶装水行业当之无愧的龙头企业。除了瓶装水，农夫山泉陆续开发和推出了茶类、功能类、果汁类和化妆品类等系列产品。农夫山泉之所以如此成功，与公司创始人钟睒睒对于广告策划、品牌包装、营销推广的重视和精通是密不可分的。2020年9月8日，农夫山泉上市，钟睒睒晋升中国新首富。

农夫山泉是快消品行业营销创新的经典案例。众所周知，快消品行业是市场竞争最激烈的领域之一，在各家快消品公司的产品和质量相差无几的情况下，品牌成为企业竞争的主战场。创意是品牌的灵魂，优秀的广告语则是创意的重要化身。"爱她就请她吃哈根达斯。"一句充满诱惑的广告语，不但俘获了女生的心，也让男生心甘情愿掏腰包，让本是美国大众冰激凌品牌的哈根达斯，一跃成为中国冰激凌市场的高端品牌。

"今年过节不收礼，收礼只收脑白金。"这句广告语一经推出，迅速风靡全国，达到无人不知无人不晓的地步，虽然在很多人眼中觉得该广告语"粗暴、俗气"，却让脑白金的销售额在短短两年内超过 10 亿元，也让脑白金背后的巨人集团起死回生再创辉煌。其他耳熟能详的经典广告语还有："JUST DO IT!"——耐克运动鞋；"一切皆有可能。"——李宁运动鞋；"你的能量超乎你的想象。"——红牛饮料；"想想还是小的好。"——大众甲壳虫汽车；"驾驶乐趣 创意无限。"——宝马汽车；"不溶在手，只溶在口。"——M&M巧克力豆；"味道好极了。"——雀巢咖啡；"让我们做得更好。"——飞利浦；"妈妈再也不用担心我的学习了。"——步步高点读机；"使命必达。"——联邦快递；"为发烧而生。"——小米手机；"钻石恒久远，一颗永流传。"——戴比尔斯钻石；"没有人能拥有百达翡丽，只不过为下一代保管而已。"——百达翡丽手表。

## 二、旅游形象口号的五种类型

改革开放以来，中国现代旅游蓬勃发展，从最早发展入境旅游、到大力发展国内旅游、再到稳步发展出境旅游，旅游业"三驾马车"并驾齐驱。《中华人民共和国 2019 年国民经济和社会发展统计公报》显示，2019 年国内游客 60.1 亿人次、入境游客 1.45 亿人次、出境游客 1.69 亿人次，中国已经成为全球第一大国内旅游市场、第一大出境旅游市场和第四大入境旅游市场。全球主要旅游目的地国家（如美国、加拿大、澳大利亚、新西兰、日本、韩国、泰国、新加坡、印度、马来西亚、西班牙、法国、德国、英国、意大利、瑞士、南非、埃及等等）以及全球著名旅游城市（如纽约、洛杉矶、新加坡、曼谷等等），纷纷抢滩中国旅游市场，推出各具特色的旅游形象口号。

● 美国：All Within Your Reach（触手可及）

- 加拿大：Keep Exploring（不断探索）

- 西班牙：Everything under the sun（阳光下的一切）

- 瑞士：World Garden（世界花园）

- 希腊：All Time Classic（永恒的经典）

- 丹麦：The Happiest Place on Earth（地球上最开心的地方）

- 匈牙利：Think Hungary——More than Expected（想到匈牙利，无穷期待）

- 印度：Incredible India（不可思议的印度）

- 泰国：Amazing Thailand（神奇泰国）

- 马来西亚：Amazing Asia（亚洲魅力所在）

- 柬埔寨：Kingdom of Wonder（神奇王国）

- 新加坡：新加坡 三天玩不够！

- 新西兰：100％ Pure New Zealand（百分之百纯净的新西兰）

- 纽约：I Love New York（我爱纽约）

- 东京：Tokyo Tokyo Old meets New（传统与现代在东京相遇）

- 曼谷：Bangkok，City of Angels（天使之城）

国内各省（区、市）也在抢抓国内旅游市场大发展的巨大商机，除了加强旅游目的地的基础设施和服务设施建设、旅游项目、产品、业态开发，也在旅游品牌建设、营销推广等方面下大力气，策划推出各自的旅游形象口号，吸引国内游客的注意力。

梳理分析各省市推出的旅游形象口号，主要分为以下五种类型。

## 1.概括核心资源型

从目的地众多的旅游资源中，概括和突出知名度最高、影响力最大的旅游资源（包括自然景观、人文古迹、历史名人等），以核心资源吸引游客的关注度，中国各个旅游目的地第一代的旅游形象口号通常是"概括核心资源型"，如：

- 山东省：一山一水一圣人（泰安泰山、济南趵突泉、曲阜孔子）
- 山西省：华夏古文明 山西好风光
- 北京市：东方古都 长城故乡
- 重庆市：永远的三峡 世界的重庆
- 四川省：天府四川 熊猫故乡
- 黑龙江省：北国好风光 自然黑龙江
- 吉林省：白山黑水 豪爽吉林
- 辽宁省：清风满韵 多彩辽宁
- 西藏自治区：世界屋脊 神奇西藏
- 海南省：椰风海韵醉游人
- 贵州省：山地公园省 多彩贵州风
- 云南省：七彩云南 旅游天堂
- 桂林市：桂林山水甲天下
- 洛阳市：千年帝都 牡丹花城
- 舟山市：海天佛国 渔都港城
- 新余市：七仙女下凡的地方
- 遵义市：红色圣地 最美遵义
- 武汉市：大江大湖大武汉
- 吐鲁番市：丝路明珠吐鲁番
- （无锡市）江阴市：游圣霞客故里 滨江花园城市
- （济宁市）曲阜市：孔子故里 东方圣城
- （亳州市）蒙城县：庄子故里 逍遥蒙城
- （杭州市）富阳区：富春山水 孙权故里
- （吐鲁番市）鄯善县：滨沙之城 楼兰故里

## 2.突出独特区位型

突出旅游目的地独特的区位交通优势,拉近与消费者的心理距离,以区位吸引游客的关注度。如:

- 河北省:京畿福地 乐享河北
- 内蒙古自治区:祖国正北方 亮丽内蒙古
- 乌兰察布市:北京向西一步 就是乌兰察布
- 宁德市:闽东之光 山水宁德
- (恩施州)巴东县:世界有巴西 中国有巴东
- (大兴安岭地区)漠河市:神州北极

## 3.借用成语谚语型

借用广为流传和广为人知的成语或谚语或词语,或对旅游目的地的特点进行谐音处理,来拉近游客与目的地的关系。如:

- 天津市:天天乐道 津津有味(借用成语"津津乐道")
- 山西省:晋善晋美(成语谐音"尽善尽美")
- 江西省:江西风景独好(演绎诗词"风景这边独好")
- 邢台市:乘风而邢(成语谐音"乘风而行")
- 甘肃省:甘快出发(词语谐音"赶快出发")
- 南宁市:老友南宁,别来无恙(借用成语"别来无恙")
- 萍乡市:萍水乡逢 缘聚天下(成语谐音"萍水相逢")
- (扬州市)高邮市:好事成双 到此一"邮"(成语谐音"到此一游")
- (舟山市)嵊泗县:好久不见 嵊泗想念(词语谐音"甚是想念")
- (苏州市)常熟市:常来常熟(演绎成语"常来常往")

## 4. 提炼情感内涵型

提炼旅游目的地的独特气质或文化内涵,通过传递独特的精神感受或社会主义核心价值观,吸引游客的关注度,实现与游客的情感共鸣。如:

- 山东省:好客山东
- 河南省:老家河南
- 浙江省:诗画江南 山水浙江
- 江苏省:水韵江苏 有你会更美
- 安徽省:美好安徽 迎客天下
- 上海市:精彩每一天
- 福建省:清新福建
- 湖北省:灵秀湖北 楚楚动人
- 湖南省:锦绣潇湘 快乐湖南
- 广东省:活力广东 精彩纷呈
- 甘肃省:交响丝路 如意甘肃
- 新疆维吾尔自治区:我们新疆好地方
- 大连市:浪漫之都 时尚大连
- 杭州市:最忆是杭州
- 成都市:一个来了就不想离开的城市
- (宜春市)靖安县:有一种生活叫靖安
- (南平市)顺昌县:大圣归来 天下顺昌

## 5. 制造热点争议型

通过策划时代热点性、话题性甚至争议性的形象口号,引发社会和媒体的热烈讨论,快速提高目的地的知名度,达到吸引游客关注的目的。如：

- 宜春市：一座叫春的城市

- 丽江市：艳遇之都

- 合肥市：两个胖胖欢迎您

- 镇江市：一座美得让人吃醋的城市

- 承德市：游承德 皇帝的选择

- 喀什地区：不到喀什 不算到新疆

- （恩施州）利川市：我靠重庆 凉城利川

- （成都市）简阳市：一座壮阳的城市

- （金华市）武义县：来武义 我养你

- （龙岩市）武平县：来武平 我氧你

## 三、旅游形象口号的三维评价体系

条条大路通罗马，哪条才是最佳路？以上五种类型的旅游形象口号，没有简单的好坏高低之分。如何衡量一个旅游形象口号的质量水平？笔者认为，可以从三个维度来立体评价旅游形象口号。

- 传播度：传播度即目的地内外的新闻媒体，无论是传统媒体（报纸、广告、电视、网站）还是自媒体（微博、微信、抖音、快手等），对旅游形象口号的引用次数或转载次数。这个指标类似于学术论文的引用度（学术论文的引用度越高，表明该论文作者的学术影响力越大）、明星的封面照数量（明星被主要时尚杂志邀请拍摄封面照的次数越多，表明该明星越火咖位越高）。旅游形象口号要想达到很高的传播度，就要求旅游形象口号必须通俗易懂、朗朗上口、尽量口语化表达、要接地气、容易传播，忌讳"八股文"口号和生僻拗口的词语，口号的字数以不超过12个字为宜，如"成都：一个来了就不想离开的城市"。就笔者考察发现，全国至少有上百个旅游目的地用"大美××""山海××"作为旅游形象口号,自己看自己是特色亮点,站在全国看却是最没有特色,自然也很难有传播度。

● 美誉度:有争议的、甚至低俗的口号,可能会有较高的传播度,甚至在一段时间内很火爆,但往往很难持续、更难登大雅之堂。旅游形象口号要达到高美誉度,应该传递真、善、美的普世价值观,传播积极向上的正能量。如"宜春:一座叫春的城市",传播度很高,但争议很大,美誉度不高,最后宜春市政府用了一段时间后不得不停用。

● 创新度:旅游形象口号本质上就是广告词,广告的核心是创意,创意是广告的灵魂。创意度追求第一、唯一、前所未有、意想不到,切忌抄袭模仿。杰出的创新口号,如神来之笔,惊天地泣鬼神,令人拍案叫绝。如"印度:Incredible India 不可思议的印度"。

## 四、旅游形象口号的三重境界

旅游形象口号的策划,既需要深度了解目的地实际情况,又不能深陷其中,自我陶醉,需要站在游客和市场的角度、"跳出目的地看目的地","用游客听得懂、喜欢听的语言说目的地"。同时,需要用文学和心理学的专业度,"跳出物质看精神、穿透躯体看内心",对旅游目的地的个性特征进行高度浓缩和提炼创作。旅游形象口号的策划,是一种"源自目的地但又高于目的地"的创意策划工作,是科学的艺术,也是艺术的科学。

晚清学者、国学大师王国维在《人间词话》著作中说道:"古今之成大事业、大学问者,必经过三种之境界:'昨夜西风凋碧树,独上高楼,望尽天涯路',此第一境也;'衣带渐宽终不悔,为伊消得人憔悴',此第二境也;'众里寻他千百度,回头蓦见,那人正在灯火阑珊处',此第三境也。"笔者认为,旅游形象口号的创作也要经历三重境界。

● 第一重境界:物质境界,对旅游目的地核心旅游资源和自然文化特色进行概括和提炼,强调"我有什么",如"孔子故里""霞客故里""百分之百纯净的新西兰"。

● 第二重境界:体验境界,表明游客来旅游目的地会得到什么样的感受和体验,强调"你会得到什么",如"不可思议的印度""七彩云南旅游天堂"。

● 第三重境界:精神境界,追求地方的精神文化内涵与游客需求产生的共鸣,强调"你与我会产生什么样的共鸣"。如"新西兰:百分之百纯净的你。"

## 五、旅游形象口号的迭代更新

随着市场需求的快速变化,特别是近年来旅游市场呈现出的年轻化、品牌化、个性化的显著变化,不少旅游目的地,特别是著名旅游目的地,已经或正在根据旅游市场的需求变化,策划创作全新的旅游形象口号,以跟上游客的需求和时代的发展。如:

● 新西兰:过去的旅游形象口号是"100％ Pure New Zealand"(百分之百纯净的新西兰)属于"概括核心资源型",强调新西兰优质的自然生态资源,几年前策划推出新的旅游形象口号:"100％ Pure You！"(百分之百纯净的你),强调游客到新西兰会得到全身心的放松和畅爽的精神体验。新的旅游形象口号属于"提炼情感内涵型",从物质境界上升到精神境界。

● 山东省:最早的旅游形象口号是"一山一水一圣人",是典型的"概括核心资源型",2001 年,山东省旅游局面向海内外征集,确定了"走近孔子扬帆青岛"作为旅游形象口号。随着山东省大力发展休闲度假旅游,2007 年 6 月,山东省旅游局又推出了"文化圣地,度假天堂"的旅游形象口号,但总体还是强调资源(文化资源、度假资源),后来山东省又推出全新旅游形象口号 ——"好客山东",从过去强调"物"到强调"文化",一方面表明了山东人热情好客的性格,另一方面也表达了山东热烈欢迎国内外游客来旅游的态度,属于"提炼精神内涵型"。

● 山西省:最早的旅游形象口号是"华夏古文明 山西好风光",强调山西的悠久历史与优美风景,属于"概括核心资源型",后来更新为"晋善晋美",属于"提炼精神内涵型",突出山西人的优质服务和游客到山西旅游的美好体验,同时又巧妙地借用成语"尽善尽美"的谐音。

● 宁夏回族自治区:第一代旅游形象口号是"塞外江南 神奇宁夏",属于"概括核心资源型"与"强调独特区位型"的结合;第二代旅游形象口号是"畅游宁夏 给心灵放个假",属于"提炼精神内涵型",突出到宁夏旅游的畅快与舒适。2021 年最新策划推出的旅游形象口号是"星星的故乡",紧贴 Z 世代年轻人喜欢"一起去看星星"的需求热点,把本来属于全人类共同的资源"星星"变为"私有",属于"制造热点争议型"。

● 贵州省:第一代旅游形象口号是"山地公园省 多彩贵州风",强调贵州优美的生态环境和多彩的民族风情,属于"概括核心资源型";升级后的旅游形象口号是"走遍大地神州,醉美多彩贵州",强调全国横向比较后还是贵州自然和人文风景最美,同时强调贵州的美酒最"醉人",属于"提炼情感内涵型"。

● 吉林省:吉林省的旅游形象口号是"白山黑水 豪爽吉林",同时根据不同季节的旅游特点和市场需求,策划推出不同的旅游形象口号,如夏季旅游的营销口号是"清爽吉林 22 度的夏天",属于"概括核心资源型";冬季旅游的营销口号是"冬季到吉林来玩雪",属于"提炼精神内涵型";自驾游活动的营销口号是"吉刻出发",属于"借用成语谚语型"。

● 重庆市:第一代旅游形象口号是"永远的三峡,世界的重庆",突出重庆最具国内外知名度的旅游资源——三峡,属于"概括核心资源型";第二代的旅游形象口号是"重庆,非去不可",强调"大家都去了重庆,你也应该去",属于"提炼精神内涵型";现在的旅游形象口号是"行千里 致广大",源自"重庆"两字拆分(重——千里;庆——广大)加上城市精神,同样属于"提炼精神内涵型",但旅游的感觉比较弱,更偏重城市宣传口号(对标案例,成都城市品牌口号——成都,成功之都;成都旅游形象口号——成都,一个来了就不想离开的城市)。由于外地人对"重庆"两字拆分缺乏了解,相互之间也缺乏直观联想,"行千里 致广大"的口号,无论从旅游形象宣传还是市场促销效应来说都不尽如人意。

● 宜春市:第一代旅游形象口号是"一座叫春的城市",属于"制造热点争议型",结果引发全国各级媒体争相报道和转载,本来在江西都不太知名的宜春市,一下子在全国出名了。后来由于争议太大,美誉度不高,迫于压力,宜春市政府放弃了原口号,策划推出新的旅游形象口号"一年四季在宜春",强调宜春全年都适合旅游,属于"提炼精神内涵型"。

● 利川市:第一代旅游形象口号是"我靠重庆 凉城利川",在重庆公交车上投放车身广告后,引发媒体和公众的热议,一下子让利川在重庆市全民皆知,达到非常好的广告效果,促发很多重庆人特别是万州人夏天到利川来避暑度假甚至购买房屋,一句口号搞活了利川旅游,属于本意是"强调独特区位型",结果成为"主动制造争议型"。后来同样由于争议太大,迫于压力,利川市政府放弃了原口号,策划推出新口号"cool cool 腾龙洞,hot hot 龙船调 利川最好耍",突出利川市核心自然资源——5A级旅游景区腾龙洞和人文资源——世界优秀民歌《龙船调》,强调"cool hot 最好耍",属于"概括核心资源型"与"提炼精神内涵型"的结合。

## 六、旅游形象口号创作的方法论

综合以上,旅游目的地的旅游形象口号策划创作,不是简单地出个"点子",也不是"心血来潮"的产物,全国各地近十年的实践证明,通过公开征集口号最后被采用的概率非常低(往往是没有一条大家都满意的,最后一等奖空缺),而由主要领导"心血来潮"策划的口号,往往随着主要领导的调任而被弃之不用。旅游形象口号创作是专业的工作,需要专业的过程和方法。

其一,要深入了解和系统掌握目的地的自然地理、历史文化、旅游资源、主要产品项目等,做好"知己";

其二,要跳出旅游目的地的"自我"限制,站在游客市场需求的角度和周边区域竞合的高度来全面审视,做到"知彼";

其三,要把握时代及区域发展的趋势热点,要研究目的地旅游发展的战略部署和游客的心理需求与审美趋向,掌握"未来和大局";

其四,基于以上的系统研究,按照旅游形象口号的五种类型方法、三维评价体系、三重境界,用文学和艺术的创作思维,创作几套不同的旅游形象口号作为备选;

其五,通过集体讨论、专家打分和征求民意,决策确定最终的旅游形象口号。必要的话,对拟采用的旅游形象口号进行公示,征集公众的意见和建议。

"穷则变,变则通。"旅游形象口号的目标对象是游客,而游客的需求在不断发生变化,相应地,旅游形象口号也需要"与时俱进"。特别是经历了新冠肺炎疫情的中国和国际旅游市场,旅游需求重点和特征已经与疫情前发生深刻的变化。中国各个旅游目的地的旅游形象口号,也亟需进行新一轮的策划与创作,真正做到"打动游客的心"。此外,针对旅游目的地各自的目标区域市场或细分客群市场(如研学旅行、亲子旅游、养生养老、休闲运动等细分市场),也有必要创作针对性的旅游形象口号,形成目的地的旅游形象口号体系。"到什么山唱什么歌",正是市场营销导向理念最通俗的表达。

(原文发表于 2022 年 3 月 19 日《旅游百人会》)

# 奥运机遇下的冬季旅游产品与线路创新

　　旅游路线推介是旅游市场营销少不了的常规动作。在刚刚过去的这个冬季，特别是春节期间，北京市文化和旅游局发布 10 条"漫步北京×网红打卡地——虎年春节潮玩北京旅游线路"，重庆推出冰雪温泉游、乡村年味游、休闲古镇游等 80 余条冬季旅游线路，安徽推出 18 条"冬农趣"冬季乡村休闲旅游精品线路，辽宁在路线推介基础上推出沈阳故宫"莊啡"奶茶店等 165 个大众冬季冰雪旅游网红打卡地……

　　推介旅游资源、促进旅游消费、打造旅游品牌本是各地开展旅游营销的题中之义。然而，从实际情况看，有些季节性、主题性旅游线路尚欠火候，有的甚至被游客吐槽"看似有肉、食之无味"。各地推出的旅游路线与旅游市场实际的勾连度到底如何？发力旅游内循环，旅游目的地又该如何打造一条真正能够形成商业热度的旅游线路？

## 市场调查：冰雪游、避寒游仍是主流
## 冬季旅游本地化　高质量度假线路成刚需
《中国文化报》记者　鲁娜

　　南有温暖沙滩，北有冰雪皑皑。冰雪游、避寒游一直是冬季旅游市场的热门,2022年也不例外。不过,这年冬季旅游市场也出现了新特征、新趋势——在局部疫情散发的背景下,本地周边游在国内旅游市场继续"唱主角"。在冬奥会热烈气氛的带动下,以冰雪项目为主的冰雪游成为虎年春节假期的时尚新潮玩法。国内冰雪热度不再局限于固定区域,各地均出现消费热度上升情况。

冬季旅游本地化的同时,人们对于高质量度假产品和服务的需求不断增长。能否满足游客的新需求,成为旅游目的地冬季旅游线路形成商业热度的关键。

冰雪游、避寒游仍是这年冬季旅游线路热门选择。在北京冬奥会东风下,冰雪主题游这年冬天持续升温,长白山、张家口等地的冰雪产品预订量增长迅速。特别是当冬奥会遇上虎年春节,新晋顶流冰墩墩"一墩难求",大众体验冰雪运动热情空前高涨,全国多地滑雪场迎来大批游客,冰雪旅游成为虎年春节时尚新玩法。

因此,在冰雪、避寒这方面资源较为丰富的旅游目的地,推出的精品旅游路线更有优势。而一些目的地在冬季旅游产品上有所欠缺,还需着力丰富淡季旅游产品,再谈线路打造。

这年冬季旅游市场另一大特征是旅游本地化特色明显,冰雪旅行消费活跃地区逐步从传统的"南北两端"向各地"多点开花"。去哪儿数据显示,虎年春节期间该平台雪场售票数量较上年春节假期整体翻番。从春节雪场票量较上年同期增幅排名来看,前10名南方雪场占据了5席。冰雪旅游不再是北方的专利,南方冰雪休闲度假线路也有了较强的市场号召力。

在冰雪旅游线路方面,一方面,去哪儿调查显示,北方雪场游客更多是滑雪深度爱好者,他们在雪场停留时间长,重视精进滑雪技术,对雪场的雪道、魔毯等设施有较高要求。而南方雪场更多则是"小白"选手,更注重趣味性和便利性,重在打卡、体验。针对不同游客群体的需求,冰雪旅游路线还需有的放矢；另一方面，近年来，国内的滑雪场配备设施日渐完善，滑雪场不仅仅是体验滑雪的运动地，还成为人们放松休闲的度假目的地。"滑雪场＋"的旅游路线因体验丰富，更受游客青睐，而那些仅仅串联雪场的"大杂烩"线路，对市场吸引力并不强。

不仅仅是冰雪旅游，在玩法方面，即使是家门口，出游人群也有新玩法、新体验，老套的旅游线路对本地游客的吸引力较低。预约向导、周边精致露营、租车自驾本地游、精致旅拍等近程休闲活动提质升级，品质化、个性化产品更加契合春节出游需求。"抖音、小红书上的一些网红产品，也容易成为大家争相打卡的内容，如最近抖音上较火的上海海湾国家森林公园（景＋酒）套餐产品，销售情况挺不错的。"驴妈妈平台相关负责人说。

从时长来看，旅游线路的平均天数缩短，"轻旅行""微度假"线路更受青睐。如何借势"微度假"开发特色线路，市场主体已经走在目的地前面：去哪儿开发了"周末 N 次方"周边短途游系列内容及产品，挖掘热门旅行目的地新玩法，目前已经开发了成都国风汉服非遗、惠州萌宠海边露营、厦门复古城市骑行等线路产品，目标客群清晰、吸引力十足。

综合来看，高质量度假产品和服务成为新刚需，包含团圆宴、下午茶、自助餐，还有泡温泉、蔬果采摘、传统年文化等体验项目的"酒店＋"产品春节期间大受游客喜爱，"景区＋""酒店＋"主题型、度假型线路更具市场号召力。

途牛产品设计师团队负责人介绍，第四季度途牛主推"酒店＋X"自由行套餐，适合一日游、两日游的微度假，如"酒店＋滑雪""酒店＋滑雪＋温泉"等，"酒店＋"度假模式突破了酒店单品的局限性，融入了冰雪、温泉、节庆等元素，满足了游客愈发多元化和个性化的需求，一定程度上补偿了游客暂缓远游的缺憾。此外，途牛也能根据亲子、情侣、蜜月等不同的用户需求，推荐适合各类人群的酒店套餐和专业的周边游玩建议，因此用户预订量、核销的转化率都比较高。

"一条具有商业热度的旅游线路,需要结合天时地利人和,加上专业的供应链和设计视角。"途牛产品设计师团队负责人从自己的经验总结表示,在线路设计上,要紧跟游客需求变化,不断打磨高质量线路产品。首先要定位好线路的目标客群极其清晰的客户画像,他们的特征、习惯、关注的渠道。此外,一个好的线路产品除了要具备好的玩法,还要表达出这个产品满足了游客的哪些需求,解决了哪些痛点,增加了哪些特别体验。在营销上,既要结合当下热点,联动线路产品做推广,还可以借力抖音、小红书等平台进行种草分享。

## 纵深探讨:冬季游别只谈"冰雪"

《中国文化报》实习记者  王伟杰

在北京冬奥会热潮的带动下,全国多地冬季旅游持续升温,银装素裹的滑雪场、各具特色的冰雪旅游项目,吸引了不少游客来享受冬季风情带来的快乐。在文化和旅游部 1 月 18 日发布的"筑梦冰雪·相伴冬奥"全国冰雪旅游十条精品线路中,湖北神农架国际滑雪场、神农顶冰雪乐园等多个冰雪点入选精品线路。

在湖北,随着滑雪季开启,越来越多的滑雪爱好者来到神农架国际滑雪场一展身手,游客动作麻利地穿戴雪具,在雪道上尽情"飞驰"。据了解,神农架国际滑雪场的游客以湖北省内居多,包括武汉、黄冈等地,大多是组团或一家人前来游玩。

黄冈游客王女士说,神农架国际滑雪场她来过多次,这里除了能滑雪,还有雪地坦克、雪地冲锋舟、雪上飞碟、冰上碰碰车等丰富多彩的雪上娱乐项目,滑雪体验感很好。2021 年,神农架国际滑雪场投资 1187 万元,对雪场进行全面升级改造,并优化了雪场信息化系统,让滑雪品质得到大幅度提升。

位于湖北神农顶景区神农营处的冰雪世界主题乐园在这年元旦期间开门迎客,以"华中之巅冰雪世界"为主题,赏雪、娱雪、欣赏冰雕雪雕、冰雪热舞、汉服秀等众多亮眼活动贯穿始终,还有鹿拉雪橇、雪地摩托、香蕉船、冲锋舟等 10 余种雪地项目,也吸引了很多外地游客。

"今年冬天就不去东北了,我打算去青海,体验一下特别的冰雪韵味。"浙江的崔先生分享了自己的旅行计划:"经去过的朋友推荐,这次我打算去体验西宁市大通回族土族自治县康乐滑雪场、海北藏族自治州门源回族自治县花海鸳鸯景区的冰雪娱乐项目、海东市互助土族自治县扎龙沟冰瀑前的冰雪景观。"

"天津市民对冰雪体育活动非常感兴趣,有非常好的群众基础。每到冬季,各区都会推出很多冰雪项目、冰雪娱乐。"天津市旅游协会副会长、天津方正国际旅行社总经理张文胜说。天津的冰雪旅游路线形式丰富,如蓟州区的户外滑雪线路吸引了很多京津冀地区的游客;西青区辛口镇第六埠村利用重走长征路的场地资源打造冰雪游线路,通过附近的大清河开展冬季捕鱼、结合民俗文化开展灯光秀;天津体育馆在室内开展了很多冰雪体育项目。

张文胜说:"冰雪游线路不能光谈冰雪,还要谈文化,融入民俗、本地文化等元素,才能打造独特的文化冰雪游、民俗冰雪游路线,能整体提升天津冬季旅游的品质。"

虽然冬季旅游线路的吸引力在不断提升,但在实际开发和设计过程中也存在一些不利因素。张文胜透露,目前很多旅游投资者及景区经营者正在考虑这年的天气是不是能更长久地保持住冰雪游的营业季,因为天气因素是影响冰雪项目经营的一个重要因素。"很多天津的雪场,包括室内的一些冰雪娱乐项目,大部分是人造雪,维护起来成本很高,这就更需要天气的配合,如果气温很高,它的维护成本就太高了。"张文胜说。

此外,在疫情持续反复的影响下,一些推出冰雪游的景区对游客的数量及衍生的旅游线路产品能否达到预期经营的效果心存顾虑。在这些因素的影响下,部分冰雪旅游项目推进缓慢。在沈阳工作的白女士说:"以前每年我都会去看冰雕、雪雕,体验冰雪项目,但感觉今年的项目似乎少了一些。"

"从旅游经营者的角度来说,受疫情影响,今年大家只能是采用见缝插针式的经营方式,可以说整个冬天机遇与挑战并存。"张文胜说。

## 专家视点:冬季旅游线路要"适用、实用、妙用"

国研智库旅游研究院院长　魏云

往年的冬季旅游线路往往主打"冰"与"火"两大主题,即冰雪旅游与温泉旅游。这个冬季的旅游市场更是冰火交加,既有吹向市场的"暖风",如冬奥会的举办极大激发人们的冰雪旅游热情,各级政府高度重视冰雪旅游项目,推出了一大批滑雪旅游度假地等;也有疫情带来的寒潮,多地疫情有所反复。这种情况下,冬季旅游线路的策划与设计要做到适用、实用、妙用。

一是适用。冬季旅游线路的设计要充分考虑到冬季的气候条件与旅游特点,适用于冬季出游。同时,还要适用于本地条件,要以当地本土文化、本土自然资源、本土旅游要素为基础,一切冬季线路的策划和设计均需体现当地特色。如冬季是我国尤其是北方民俗活动聚集的时间,在冬季旅游线路策划中,可将民俗节庆在本土文化的基础上进行组织化、艺术化、演艺化再加工,着力增强游客互动性、体验性,使之成为冬季旅游线路中的亮点。

二是实用。受季节性等因素影响,部分景点冬季水瘦山寒,景色吸引力减少;部分地区积雪路滑,交通不便。因此,冬季旅游线路策划要进行准确、针对性的设计,为游客提供实用、好用的旅游产品。如,以温室设施为载体的观光农业旅游也是冬季旅游、休闲、采摘的好去处,室外冰雪连天,室内瓜果飘香,绿意盎然。

三是妙用。冬季旅游经过多年的发展,在部分项目投资建设上越来越成熟,是时候从创意策划上进行一定的提升,妙用巧用冬季旅游资源。颠覆冬季旅游的惯性思维,把科技、康养、美容、保健、运动、生态等关键词融入旅游行业,打造冬季旅游的全新模式,使我国冬季旅游达到一个全新的高点。如突破传统滑雪的简单程式,通过多个环节的创新,重塑滑雪综合产业链条。将温泉与滑雪滑冰结合,实现养生、运动、娱乐的多重目的;将科技引入冰雪,利用高科技手法为游客提供最深刻的体验等;将文化融入冰雪,开发冰上艺术表演、童话冰堡、冰雪迷宫、冰雕设计等冰雪文化休闲产品。

## 成熟旅游线路要实现市场化、品牌化、盈利化

景域驴妈妈集团副总裁 任国才

每年冬季,国内旅游目的地陆续推出本地冬季旅游特色线路,初衷是顺应冬季旅游的时令特点,整合分散的旅游资源和项目,为本地市民和外地游客提供冬季旅游的新选择;同时希望能够促进旅游消费、拉动旅游经济。当然,也可能是政府借此为旅行社提供造血机会,是支持疫情下旅行社业务复苏的一种方式。

但是,旅游线路是一种市场化程度很高的旅游产品,通常应该由旅游市场主体,特别是由旅行社来策划和设计,策划设计之后快速投放市场,再根据消费者的评价和反馈,对旅游线路的行程、时间、标准、定价等快速调整和优化。部分地方策划和发布的旅游线路,与消费者的微观需求和旅行社的常规操作有一定偏差。

笔者专门调研了重庆、合肥、芜湖、青岛的多家旅行社,旅行社负责人反馈,在当前疫情散发情况下,市民或游客的出游意愿总体比较低,有出游意愿的通常都是家庭成员或亲朋好友小团体,绝大多数选择自驾游方式,通常是点对点旅游(从住所直接到目的地的酒店、民宿或景区),很少会按照地方设计的旅游线路来走。当前,报名参加旅行社组织的旅游团集体出游的比例非常低,还能成团的旅行社要么发经典线路的团,要么发高毛利线路的团,除非政府对发布的冬季旅游线路进行大额补贴或高额奖励,否则旅行社采用当地发布旅游线路的概率极低。从市场主体和消费者的反应来看,多地发布的冬季旅游特色线路出游情况与政府的预期有一定的差距。

一条真正能够形成商业热度的旅游路线,首先应该是市场化的,即由市场主体来策划和设计的,市场主体会依靠多年积累的经验和对游客需求的判断,来适时推出新的旅游线路;其次应该是品牌化的,即拥有较高的专业技术含量和优良的旅游体验度,持续受到消费者的认可和青睐,由于有较高的专业壁垒和技术门槛,其他同行难以简单抄袭和复制;最后应该是盈利化的,即有较高的毛利率,市场主体前期投入较大的研发成本,能够得到良好的回报,从而有动力来保证市场主体持续改进和优化旅游线路。

(原文发表于 2022 年 2 月 21 日《中国文化报》,记者:鲁娜 王伟杰)

# 如何提高旅游景区的重游率？

　　中国大多数旅游景区，属于"一次性"游览景区，内容数年甚至数十年如一日地不变，游客去了一次以后几乎不会再去第二次。更有部分旅游景区，被游客戏称为"不去遗憾终生，去了终生遗憾"。被去过的游客屡次吐槽，吓得没去过的游客也不敢去看一次。根据 2020 年 6 月 20 日中国文化和旅游部发布的《2019 年文化和旅游发展统计公报》数据，2019 年末全国共有 A 级旅游景区 12402 个，其中 4A 景区 3000 多个，5A 景区 304 个（截至 2021 年 5 月 19 日数据）。根据笔者对旅游景区的数据调研，大多数旅游景区的游客重游率低于 10%，很多景区因为游客重游率太低，放弃重游率指标的统计和分析。

　　进入消费升级时代，随着游客旅游消费心理的日益成熟、旅游休闲度假的快速兴起、旅游消费选择的日趋多元，观光型旅游景区正在面临越来越严峻的挑战，即使是最高等级的 5A 级景区，旅游接待量和旅游收入也遇到了发展的瓶颈。2016 年至今的旅游景区接待数据分析显示，相当数量旅游景区的接待量不增反减！根据营销学的定律，"开发一个新客户的成本，是留住一个老客户的成本的 5 倍"。

　　提高旅游景区的游客重游率，无论是从开源还是节流角度，都是势在必行、迫在眉睫。如何提高旅游景区的重游率？笔者认为，旅游景区需要在形象、内容、价格、定位等方面进行改变。

## 一、形象策略:形象"外貌"常变常新

俗话说,"佛靠金装,人靠衣装"。形象包装,对于佛很重要,对于人更重要,这个规律也适用于旅游景区。旅游形象包装,不但关系到能否吸引游客的第一次到访,对于吸引游客第二次乃至多次重游也至关重要。在旅游景区的业态、项目、内容短期内难以改变的情况下,在旅游形象上不断进行包装与创新,"常变常新",非常有必要。俗话说,"女为悦己者容",爱美的女生,在出门之前一定会先化妆,而且会根据出席场合的不同,进行特定的"打扮造型",更好地展示自身的魅力,吸引人们的注意力。旅游景区也需要根据不同类型游客的需求特点和时节变化,策划设定不同的形象定位,策划设计不同的形象口号、海报、KV(主画面)、拍摄不同的视频,聘请不同的形象代言人等等,巩固老客户的回头率,争取新客户的关注度。以香港为例,为了吸引美食爱好者来香港旅游,聘请著名美食家蔡澜为香港形象代言人;为了吸引 90 后、00 后年轻旅游者,邀请香港新一代偶像明星王嘉尔担任旅游形象大使。

旅游市场需求在快速变化,消费者对旅游景区的偏好也在不断更新,为了提高重游率,观光型旅游景区应该每隔一年或几年、甚至一年中的不同季节或重大时节,呈现出不同的旅游形象"外貌",增加旅游景区的新鲜感。以上海迪士尼乐园为例,夏季迎接游客的是穿 T 袖和短裤的米老鼠,冬天则换成穿着羽绒衣和围巾的米老鼠。

## 二、内容策略:业态项目持续更新

迪士尼乐园有一句著名的口号——"永远建不完的迪士尼"。迪士

尼乐园长期坚持采用"三三制",即每年都要淘汰 1/3 的硬件设备,新建 1/3 的新概念项目,补充更新 1/3 的新体验内容。东京迪士尼乐园不断添增新的游乐场所和器具及服务方式来吸引游客,让很多来过一次的游客,因为新增和更新的游玩设施,增加了重复游玩的几率。

美国奥兰多环球影城度假区包括环球影城(Universal Studio)园区、冒险岛(Island of Adventure)园区和城市漫步(City Walk)商业街区。为了不断提升环球影城的吸引力和重游率,直面迪士尼乐园的竞争和挑战,环球影城公司向《哈利·波特》作者 J. K. 罗琳购买了《哈利·波特》的线下主题公园版权,在冒险岛主题园区中选址建设哈利·波特魔法世界。2010 年,哈利波特魔法世界(The Wizarding World of Harry Potter)在冒险岛园区盛大开业,迅速吸引了来自全球各地的哈利·波特迷,一跃成为园区内排队时间最长、最受游客欢迎的新景点。2009 年,冒险岛园区入园人次达 594.9 万;2010 年,冒险岛园区全年入园人次达到 764.7 万,强势增长 29%;2016 年,冒险岛入园人次 936.2 万,比 2009 年增长 57%。

河北白石山景区为了提高重游率,对于原有的玻璃栈道进行了改造升级、更新换代,把玻璃栈道和音乐、灯光要素结合起来,打造新的亮点,给游客带来新的参与体验,从而吸引回头客。根据白石山的资源优势,开发出四个季节不同的主打产品,春季踏青赏花、夏季避暑、秋季赏红桦、冬日看雾凇,利用资源的季节特点不断给游客以新鲜感;根据时令节庆来策划参与性强的主题产品,比如清明节"万人寻宝"、五一黄金周的"风车嘉年华""5·20"大型表白活动、山顶美食节等等,激发很多游客的参与兴趣,从而提高了景区的重游率。

## 三、价格策略:老客户超值优惠价

针对老客户,推出超值优惠价,重复消费次数越多,优惠力度越大。

大到百货大楼、小到水果摊点,都会推出会员(老客户)计划,吸引消费者加入会员计划成为会员,下次再来消费时会享受会员价,会员消费越多,享受到的优惠越多。

教育培训行业、电影娱乐行业、美容美发行业等等,都将"会员计划"用得滚瓜烂熟,目的都是将一次性体验的顾客变成重复来体验和消费的"会员",不但为企业提前获得了现金流,也提前锁定了客源市场,对于稳定企业营业收入和提高顾问服务质量都有很大价值。

为了提高游客重游率、增加回头客比例,天津泰达滨海航母主题公园在 2014 年推出特殊政策:在景区签注处完成签注程序(免费发放的旅游护照),游客以护照盖章为凭据,可以享受第一次入园 220 元、第二次入园 180 元、第三次 150 元的优惠价格,签注三次后可换取景区绿卡,3 年内免费入园。推出特殊政策后,2017 年,天津泰达航母主题公园景区游客 155 万人次,营业收入 1.52 亿元,2018 年 159 万人次,营业收入 1.69 亿元,2019 年 153 万人次,营业收入超过 1.85 亿元。与此同时,回头率比例(重游率)稳步上升,2016 年为 2%,2017 年为 9%,2018 年为 21%,2019 年达到 28%。

上海兔窝窝亲子乐园,除了出售单日票外,重点推广和销售年卡。从 2020 年 5 月 30 日开业至今,累计销售年卡近 3 万张,直接回笼资金数千万元。通过年卡销售,积累了一大批忠诚的老客户,把兔窝窝亲子乐园当作自家的乐园,重复地带孩儿进园消费。根据后台数据统计,购买年卡的会员平均进园次数达到 8—10 次,其中少数购买年卡的忠实用户,一年时间内重复进园次数超过了 30 次。

## 四、定位策略:从观光型到生活配套型

从旅游需求的角度讲,观光旅游往往是长途跋涉,耗时耗力耗经费,

一次性消费的概率比较大;休闲旅游往往是在常住地周边地区活动,付出的时间、精力、经费成本比较少,重复性消费的概率比较大。对于大城市近郊的旅游景区,尤其是主题公园、森林公园、乡村田园型景区,要改变自身的固有定位,从"观光"功能定位调整为休闲、娱乐、社交等功能定位,旅游景区不仅仅是作为"游览设施",而是作为"休闲生活准公共设施",成为都市居民的日常生活选择项甚至必备项,重游率就会大幅提高。

迪士尼乐园、环球影城、欢乐谷、草莓公园等著名的公园或乐园类旅游景区,一直都在致力于从观光型景区转型为"家庭欢乐生活地",不断提高游客重游率,构建游客重复消费的载体经济。欢乐谷多年来一直坚持自己的"繁华都市开心地"的品牌定位,在重游率上位居国内旅游景区前茅。在旅游业发达国家,主题公园景区的重游率达到70%以上,日本东京迪士尼乐园的重游率甚至高达83.6%,从而成为全球6个迪士尼乐园中最赚钱的乐园。

(原文发表于2021年6月2日《执惠》)

# 影视剧热播如何为贵州旅游赋能？

## 一、贵州旅游的 IP 是什么？

培育和发展贵州旅游 IP，首先要弄清楚何为 IP。IP 的词根即源头有两个：一个是 Intellectual Property，知识产权，体现法律意义上的收益和权属，即投入可以得到专有的保护；另一个是 Internet Protocol，互联网协议，体现互联网地址的唯一性。

景域驴妈妈对中国旅游 IP 探索是全国最早的，2016 年年会上提出"IP 战略"，2016—2019 年连续 4 年举办中国旅游 IP 高峰论坛，2018 年景域驴妈妈集团董事长洪清华出版《旅游 得 IP 者得天下》专著。我自己也在多个报纸杂志撰文《旅游 IP 是怎样炼成的？》《文旅 IP 开发中的文化自信》，对中国文旅行业的 IP 实践案例进行升华总结。

浙江省是全国第一个提出"文旅 IP 战略"的省份。2019 年浙江省文旅厅工作报告中提出"文旅融合 IP 工程"，2019 年 7 月出台《促进文旅 IP 的实施意见》，2020 年 8 月完成《浙江省文旅融合 IP 综合评价指南》（简称《指南》）。根据《指南》，浙江省对文旅 IP 的定义是：文旅 IP 是在文旅融合背景下具有独特精神内涵并得到广泛传播和应用，产生了良好经济和社会效益的文化符号、品牌形象和文旅项目。文旅 IP 有四个属性：独特性、应用性、传播性、效益性。只有四个方面属性都有较高得分的，才是真正的文旅 IP。

贵州拥有优越禀赋的自然资源，独特多样的民族风情，旅游资源条件非常好，拥有世界自然遗产和 5A 级旅游景区。对照文旅 IP 的概念定义和四个属性，黄果树和西江千户苗寨，是贵州最具代表性自然类 IP 和人文类旅游 IP。龙宫、梵净山、百里杜鹃、赤水丹霞、遵义会议会址、万峰林、大小七孔、青岩古镇、镇远古城等，虽然部分已经晋级 5A 景区，但在应用性、传播性和效益性方面还有待提高，属于二级 IP。万达集团按照现代文旅理念打造的丹寨小镇，虽然在资源上不是最独特的，但在应用性、传播性和效益性方面做了大量创新工作，取得了全国瞩目的影响力和综合效益，是后起之秀的文旅 IP。

## 二、贵州旅游应该用哪些渠道推广出去？

2019 年，贵州旅游接待数量已经达到 11.35 亿人次，位列全国前茅，可以说，现在贵州的旅游已经占据了全国游客的心智，后面贵州要做的就是大力提高全省旅游品质，打造文旅融合的全国标杆，这样，每一个过来的游客都会很自然地爱上贵州，成为贵州旅游的宣传员。

2020 年受疫情冲击影响，全国各个省份包括贵州旅游，都出现较大程度的下滑。2020 下半年和 2021 年，重点要抓好疫后旅游市场复苏和旅游产业振兴。经历过这场疫情，旅游者的心理诉求重点是"陪伴、解压、健康、安全"，"舒适度＋高质量"将成为休闲旅游的发展方向。贵州旅游要依托天然的"好山好水（生态环境优越的国家公园省）好人（热情淳朴的贵州人）"，凸显"放松身心生态康养旅游目的地"品牌形象，推出康养游、户外游、自驾游等新产品，同时，要加强与新媒体、OTA 平台的合作，更多运用新技术手段（如 AR/VR、旅游直播等）来创新营销推广。基于中国出入境旅游几乎停滞、1.55 亿人次的出境旅游需求转移到国内旅游，贵州旅游要重点强化对京津冀、长三角、珠三角、川渝客源市场的精准营销推广。另外，也要利用好贵州省已有的优势平台，如国际数博会、酒博会、国际山地旅游暨户外运动大会等，通过这些大平台推广多彩贵州的新旅游，把贵州旅游的最新产品和线路宣传出去。

## 三、贵州旅游要实现三增一减，应该用哪些手段？

"入境游客数量要增长、过夜游客数量要增长、旅游商品购物量要增长、旅行社景点投诉要减少"，这个"三增一减"的本质是贵州旅游的高质量发展。贵州旅游需要从过去追求的数量增长型发展模式，转向顺应国家大势和市场需求的质量效益型发展模式。高质量发展要更加强化市场导向，深入研究市场需求，精准定位目标市场，根据市场需求来开发旅游产品和线路，通过创意来包装提升旅游商品。在做好产品和服务的基础上，强化运营现代营销手段和工具，对目标市场进行精准营销和互动交流，把"游客变粉丝"，让游客成为"新贵州人"。

## 四、你们在贵州旅游营销的案例说明什么？

景域驴妈妈集团与贵州开展了多样化的营销合作。2019 年夏季为安顺市策划执行了花海面具节主题活动，2019 年秋季为黔西南州策划执行了国际山地旅游大会旅游城市推介会活动，2020 年 6 月份承办了贵阳"云上筑交会"主题活动，目前正在与贵州合作"多彩贵州向黔看"的全年营销推广活动，分别打造了三季：温泉季、赏花季和避暑季，我们根据每个季节的不同资源打造不同的活动,如赏花季期间,我们推出了自驾研学活动,带领孩子们在寓教于乐的氛围中感受贵州花季的美好。

(原文发表于 2020 年 10 月 21 日《贵州日报》,记者:肖江)

# 强化"三造三引"，推动天津文旅融合

根据中国旅游研究院统计数据，2021 年国庆、中秋 8 天长假期间，全国共接待国内游客 6.37 亿人次，按可比口径同比恢复 79%；实现国内旅游收入 4665.6 亿元，按可比口径同比恢复 69.9%。长假旅游市场的旺盛需求，带动了国内旅游业的快速复苏。在"构建以国内大循环为主体、国际国内双循环相互促进的新发展格局"中，旅游业大有可为，而国内游是核心支柱和主攻方向。对于旅游目的地城市，大力发展国内旅游，做大做强旅游经济，迎来了重要的时代机遇。

旅游经济本质上是"理由经济"，打造旅游目的地城市的核心，是要给外地游客一个来的理由。通过学习借鉴国内先进城市和地区的发展经验，结合对天津旅游现状的分析研究，笔者认为，天津市旅游业在"十四五"期间要实现创新发展，需要重点强化"三造三引"。

一方面，天津旅游要积极推进"三造"，即：造节、造景、造话题。这是从增强内生动力、加快供给侧结构性改革角度的战略谋划，要强调"问题导向"，补齐短板，凸显特色。

造节，是投资较少、见效最快、兼具产品与营销的举措。海南国际旅游岛欢乐节、山东潍坊国际风筝节、上海国际旅游节、青岛国际啤酒节等，都逐步发展成为节庆经济，带动了旅游综合消费。造节要善于小题大做、借题发挥、无中生有。发挥天津丰富的历史文化资源优势，在每年的元旦到春节，开展"传统文化过大年"节庆活动，通过灯光秀、彩妆巡游、文化产品展卖等活动，突出展现天津市"迎新春、过大年"的传统民俗文化。从 5 月份开始，创意策划和合力举办戏剧节、惠民演出季、国际青年艺术周、中国旅游产业博览会、中国驴友节、"文旅局局长带你国庆游"等活动，让天津的各类节庆活动，成为天津"流动的风景线""动态的旅游产品""新颖的旅游项目"。通过文化和旅游各类企事业单位的联动，实现旅游市场"月月有活动、季季有亮点、年年有大戏"，活态化展示天津文化旅游，增加天津旅游的曝光度，增强天津旅游对全国乃至全球游客的吸引力。

造景，是创造新的景观和"打卡点"，重点在现有景区、标志性建筑、特色街区基础上进行旅游场景打造和开发旅游演艺。以江苏盐城为例，旅游资源并不算丰富，当地政府聘请高水平团队，把天仙配董永故乡的传说打造出大型实景演艺《天仙缘》，2021 年 8 月 25 日七夕节正式公演，通过以剧带景、以景带剧，使其所在的东台西溪景区成为网红景区。据盐城旅游部门公布的统计数据显示，中秋国庆期间，该景区共接待游客 32 万人次，同比增长 60%，收入由 2020 年同期的 100 万元上升到 320 万元。为了在近期见到效果，天津可以充分利用现有的标志性场景，运用声光电、VR、虚拟成像等高科技手段，进行内容、题材、特色等要素创新，推出鼓楼跨年夜灯光秀、天塔灯光秀、迎新春赏花灯、解放桥开启等场景，打造新的旅游亮点，吸引广大市民和游客参与。中长期可以打造政府主导、市场化运营，具有独特性、唯一性和市场号召力的大型文化主题公园、实景演出景区等（典型的例子有浙江东阳横店影视城、杭州宋城等），创造旅游目的地城市多元化的旅游吸引物。

造话题，是充分利用新媒体的渠道传播优势，围绕全年活动的主线，不断制造营销话题，打造有话题的旅游城市。通过这种方式，提高天津的知名度和影响力,激发外地游客对天津的好奇心和到天津旅游的冲动,使天津成为网红打卡地。基于互联网时代主流游客是80后、90后、00后的年轻游客,加强微博、微信、抖音、快手等新媒体平台应用和新渠道营销推广,吸引外地游客和年轻游客的关注。

另一方面,天津旅游要重点抓好"三引",即:引智,引资,引客流。这是从加大改革开放和市场化运作角度的战略谋划,强调市场导向和结果导向,解决人才、资金、客流怎么来的问题。

引智,是天津旅游开放的起点。要主动"走出去请进来",积极对接旅游行业各个细分领域的领军企业,通过多样化的合作方式,吸引高人为天津旅游献计献策,吸引高水平企业到天津开展各项合作。目前,我们和阿里、携程、美团、景域驴妈妈、浪潮、喜马拉雅等头部企业在不同的领域达成战略合作的意向,充分发挥这些企业集团对市场规律和行业动态理解深刻、反应敏锐、经验丰富、资源丰富的优势,帮助天津旅游拓宽眼界、创新思路、提升水平。

引资,就是在与高水平企业集团结盟、打造优质文旅项目的基础上,吸引更多的文旅领军企业和社会资本参与我市的文化旅游项目投资、开发、建设和运营。当前,天津市文旅产业招商引资的瓶颈是现有景区总体小、散、乱,无法让社会资本看到盈利点和回报点。为此,一是要建立天津市旅游产业基金,以资本为纽带,以基金做串联,对天津市现有国有旅游资源进行整合,实行资产重组,力争经过几年的努力,打造能够在主板上市的龙头企业,为政府通过市场化手段实现意图提供途径。通过现有资产的证券化,发挥基金杠杆作用,让社会资本进得来、有收益、留得住、周转快、好退出;二是各区要深入挖掘优势资源,进行包装策划项目,形成文旅产业招商优质项目库。引资不但要看资金实力,更要看专业实力。努力引进旅游细分领域的"冠军"企业,创造天津旅游在文旅细分领域的全国乃至全球"单项冠军"。

　　引客流,是要对天津市的旅游营销进行整体策划,在现有资金投入规模下,充分整合各部门资源,发挥整体作战优势,文、旅、商、体、展密切配合,制定城市营销整体方案,强化市场导向,充分发挥新媒体的优势,通过有针对性的推介和宣传,提高各种活动的社会知晓度,吸引外地游客游天津,实现政府引导资金投入产出比的最大化。

　　通过"三造三引",实现内外结合、双向用力,深入挖掘天津独特的历史文化和自然生态资源优势,更新迭代天津旅游形象,在"十四五"期间把天津打造成为全国独具特色的旅游目的地。

　　(本文系原天津市文旅局马政副局长与笔者合作成果,发表于2021年2月17日《中国旅游报》)

# 陕西需预防"旅游资源依赖症"加快创新打造文旅 IP

刚过去的七夕节,河南卫视推出的《七夕奇妙游》节目又火了。黄昏降临的龙门石窟前,飞天小姐姐衣裙摇曳、从天而降,在半空中幻化出众多分身,怀抱着各类古典乐器来了一段精彩绝伦的飞天舞。舞至一半、5G+AR、全息投影下,时光大门打开,一群金刚小哥哥出现,和飞天小姐姐们共同形成刚柔并济之美。优美的舞蹈、精致的造型,与石窟融为一体,让人惊艳不已。

从春晚的《唐宫夜宴》到端午的《洛神水赋》,从沉浸式戏剧主题公园《只有河南戏剧幻城》到七夕的《龙门金刚》,2021 年河南文旅多次"霸榜"、频频"出圈",凭着实力成为观众心中"传统文化担当",众多网友表示疫情后一定要安排一次河南之旅。

为何河南文旅会从沉寂到走红,持续出圈的法宝到底是什么?对作为历史文化大省的陕西有哪些借鉴之处?

## 从《唐宫夜宴》到《龙门金刚》 唐文化 IP 河南走红

2021 年春节,河南卫视《唐宫夜宴》在各大春晚的混战中脱颖而出,娇憨可爱的唐俑小姐姐举止灵动，舞姿婀娜，舞尽了大唐盛世的繁华。接着河南卫视又推出了《元宵奇妙夜》。由唐俑小姐姐带领观众打卡清明上河园、洛阳应天门、登封观星台等河南文化地标。《元宵奇妙夜》青出于蓝而胜于蓝，"唐宫美人"彻底打响。

时隔不久，《端午奇妙夜》又成爆款，水下洛神舞《祈》以洛神为原型，飘逸轻盈如仙女下凡，翩若惊鸿，婉若游龙，让人真切感受到了中国文化独有的浪漫。

日前，河南卫视《七夕奇妙游》再次凭借出色的表现——飞天柔美、金刚孔武，惊艳了大众。

至此，河南的唐文化 IP 彻底走红，河南也成为网友眼中发扬中国传统文化的优秀代表，大家纷纷表示："一定要去河南看看。"

陕西师范大学西北研究院教授、博士生导师，中国古都学会副会长李令福表示，这是河南精心打造的文旅融合尤其是开发利用中国传统文化的创新工程，其成功绝非偶然。

景域驴妈妈集团副总裁、中国主题公园研究院副院长、上海市创意产业协会创意旅游专委会主任任国才表示，走红最主要的原因是"传统文化现代表达"，一方面深度挖掘和提炼河南历史文化的精髓，另一方面充分运用现代声光电以及 5G＋AR、全息投影等技术，不但给观众带来"视觉的惊艳"，也带来"文化的震撼"。这些作品之所以能够"出圈"，都有一个共同的思想主线：传统文化是灵魂，现代科技是载体，文化自信是根基。


## 文化节目成旅游宣传片　　出圈效应逐步显现

这一系列节目出圈后，不少河南旅游景点成为新晋网红景点。据了解，自这年年初以来，河南博物院、隋唐博物馆、开封清明园成为河南当地拉动旅游收入的"三驾马车"。这些景点线下游客激增，大都是因为游客热衷于打卡《唐宫夜宴》有关的元素。"莲鹤方壶""簪花仕女图"以及"唐宫美人"的原型唐三彩女俑最受欢迎。

郑州因此也成为热门旅游城市。携程发布的《2021端午假期旅行大数据报告》显示，郑州首次入围端午热门前十目的地，河南博物院位居热点目的地榜首。

"河南春晚里一炮走红的唐俑小姐姐，带着观众从河南博物院出发，'穿越'游览郑州玉米楼，洛阳应天门、明堂，登封观星台，开封清明上河园等地标性景观建筑，同时欣赏河南特有的国家级非遗：舞蹈、功夫、河南坠子、豫剧等。《元宵奇妙夜》既是一台电视节目，也是一个视觉与艺术融合的河南最新文化旅游宣传片。"任国才指出，由于受新冠肺炎疫情和洪涝灾害影响，河南线下旅游增长效应还没有太多显现。相信疫情全面控制后，河南文化的出圈效应会逐步显现。

## 陕西 VS 河南　文旅融合有资源 成效有待提升

唐文化IP在河南走红，有网友喊话陕西，唐文化复兴要提上日程了。陕西推进文旅融合有哪些优势？李令福分析，西安是中国古代前半期最繁荣昌盛王朝周秦汉唐的都城，留下了无与伦比的物质与精神文明。

任国才表示，陕西拥有得天独厚的历史文化资源优势，在数量和质量上在国内各个地区中属于佼佼者，放眼世界也是位列前茅。但是资源不等于产品，产品不等于品牌，品牌也不等于IP。

陕西省社会科学院文化旅游研究中心主任、研究员张燕分析，对比河南历史文化，陕西有十三朝古都留下来的历史遗迹遗址，它们文化等级高、数量多；对比生态资源，河南中原是一马平川的地形，陕西秦岭南北不一的地貌气候更为多元。但在文旅深度融合创新和市场运营上,河南已经走在了全国前列。

河南 VS 陕西,文化旅游资源和发展到底如何?据陕西和河南公开数据显示:陕西 2019 年接待游客 7.07 亿人次,旅游总收入 7211.21 亿元;河南 2019 年接待游客 9.02 亿人次,旅游总收入达 9607.06 亿元;陕西 2020 年接待游客 3.57 亿人次,旅游总收入 2765.55 亿元;河南 2020 年接待游客 5.51 亿人次,旅游总收入 4812.85 亿元。

对此,张燕表示,市场是检验成果的唯一标准,陕西文旅深度融合必须将市场放在首位。

## 引进人才 加快创新　文物要活化 和市场对接

河南文旅不但在国内引起反响,也已经代表中国惊艳到国外。陕西如何追赶超越?

任国才分析,旅游资源特别丰富的地方,旅游起步比较容易,但也容易患上"旅游资源依赖症",发展到一定阶段就会遭遇"天花板",开始走下坡路,这就是"旅游资源陷阱"。建议陕西应该坚定文化自信,深挖地域文化;强化品牌竞争意识,抢占旅游品牌高地;加强旅游自主研发,打造陕西文旅 IP;加快现代科技运用,赋能产品更新迭代;全面拥抱互联网,加强网络营销传播。

张燕表示,成绩是历史,如何创新才是下一步的重点。建议引进高端实践型复合人才,创新思维和产品;文物要活化、和市场对接,让市场来检验;有任务地推出产品,以量化指标去约束;市场运营商也需要推陈出新。

李令福建议,河南力推文化强省建设,著有《一部河南史半部中国史》《中原文化与中原崛起》《文化的力量》三本著作,让河南挺起精神的脊梁。这对陕西来说也有非常值得借鉴和学习的地方,在这方面需要进一步重视起来。

(原文发表于 2021 年 8 月 22 日《华商报》,记者:李怡 田蕾 邱敏)

# 疫情常态化时代旅游企业如何实现盈利?

## ——以千岛湖"鱼儿的家"民宿为例

2020 年初,突如其来的新冠肺炎疫情,对旅游行业和企业造成了巨大的冲击。据不完全统计,2020 年上半年,大多数旅游企业营收同比下降 50％—90％不等。2020 年前三季度公开财报显示,大部分国内上市旅游企业陷入亏损。国庆期间,国内旅游市场复苏势头强劲,按可比口径同比恢复 79％。但是,年底的新冠肺炎疫情反弹,又给旅游业复苏增添了很大的阴影,旅游企业面临前所未有的生存和发展压力。

作为旅游行业的重要分支和旅游目的地的重要组成部分,近年来,民宿行业发展迅猛,从东部的浙江到西部的新疆,从北国的黑龙江到南国的海南,各类民宿如雨后春笋般成长起来。国内首部民宿蓝皮书《中国旅游民宿发展报告(2019)》显示,2019 年我国民宿市场营业收入 209.4 亿元,同比增长 38.92％;民宿数量达到 16.98 万家,房源总量突破 160 万间,民宿占住宿市场之比提升至 24.77％,其中,浙江省拥有各类民宿近 2 万家,客房总数超 20 万间。在整体发展形势欣欣向荣的同时,民宿的经营问题日益突出。除了莫干山等少数民宿的入住率达到了 50％以上外,全国民宿的平均入住率只有 31％,而且非节假日出现大面积无人入住的超冷现象,由于绝大多数民宿的单体规模都非常小,同质化竞争非常严重,超过80%的民宿处于亏损状态。

面对新冠肺炎疫情,民宿行业同样未能幸免,受到了前所未有的重创,民宿行业的经营问题进一步凸显,原本就处在亏损边缘的民宿企业雪上加霜,不少民宿企业被迫关闭。根据笔者的调查,浙江淳安县千岛湖区有1000多家农家乐、58家精品民宿,目前已有近50%的民宿停业,更多的民宿陷入关闭的边缘。

"活着"是2021年旅游企业最重要、也是最现实的命题。如何在新冠肺炎疫情冲击下活下去? 如何打好"抗疫持久战"? 如何做好"疫后复苏乃至振兴"的准备? 这是摆在所有旅游企业负责人特别是民宿业主前面的难题。

"鱼儿的家"是一家2017年新开业的民宿,位于国家级重点风景名胜区、5A级旅游景区、中国湖泊旅游胜地千岛湖畔,经过3年的用心营造和悉心经营,2019年晋级为浙江省第三批白金级民宿,是千岛湖区域第一家也是目前唯一的白金级民宿(注:依据浙江省《民宿基本要求与评价》地方标准,民宿等级从高到低分为白金级、金宿级、银宿级三个等级,等级越高表示接待设施与服务品质越高。截至2020年底,浙江省民宿评定管理委员会共评定4批共50家白金级民宿)。2020年,"鱼儿的家"民宿除了遭受新冠肺炎疫情冲击影响经营外,在7月份旅游旺季还遭遇了六十年一遇的新安江流域大水灾,直接导致水漫民宿歇业40天,直接和间接损失达数百万元。"鱼儿的家"在逆境中求生存,直面困难谋转变,最终实现了当年盈利几十万元的突破。"鱼儿的家"之所以能够在疫情寒冬中做到盈利并不断突破提升,关键在于开展以下几个方面的创新。

# 一、循环法打造 IP,提升核心竞争力

"鱼儿的家"创始人鱼儿(余爱君)把创始人想法、客人反馈、专家意

见三大节点整合打通,形成一个可以流通、不断循环的闭环,以这种方式孵化和打造 IP,可以形成一个活性自循环机制,可以根据客人的反馈不断地更新迭代,提升和不断壮大 IP 的活力和能量。

**专家智库的意见**
定期实地研讨会、数据分析、剖析挖掘

循环式打造IP

**创始人的想法**
硬装、软装到
服务细节

**客人的反馈**
留言卡、反馈意见
表、面谈、社群、私
信等各种收集方式

首先,作为创始人,她赋予了民宿最初的样子"亲近、舒适、自然,有温度的服务""鱼儿的家就是您千岛湖畔的家",从硬装到软装,从对外宣传到服务细节,从管理到用户体验设计,每个细节都把客人体验感放在第一位,力求让客人有回到家的感觉。

其次,对于每位客户的到访和体验反馈都是余爱君最珍视的,她会给每个客人手写欢迎卡片,和他们聊天,与他们像交朋友一样加个微信,经常聊聊天。每个反馈她都会认真分析,提炼精华。不走形式,要走心。鱼儿心里最好的运营方法是服务好当下客户。对于客人,她力求做到服务让客人感动,客人离开后才会回忆,才会经常回味,最后回头。所以鱼儿的家的客人大部分都是回头客,口碑和忠诚度都非常高。

再次,为了凸显核心价值,把民宿运营提升到专业角度,她定期邀请行业专家、文旅学术研究者、知名旅游集团高管等前来帮她出谋划策、群策群力。通过研讨会方式,让专家了解民宿实际运营中的各种问题,分析客人的真实反馈,同时结合在地文化,打造立体式的、可以深度体验的文化场景内容。在一轮轮专家智库的帮助下,民宿的文化内容和场景得到聚焦和极大的提升,鱼儿想传递的民宿文化内涵也日渐清晰。

最后,在这种"主人""客人""专家"三个维度的循环机制下,她做了很多可圈可点的事。比如,邀请知名导演打造的"鱼儿十八景"景观IP,成为她在不同媒体平台上发布和宣传的资料,给大众留下"大片般"视觉体验;比如,她请来当地厨师围绕千岛湖鱼文化,开发出的"一鱼六吃""鱼儿十三道"等特色菜肴,成为客人必点的主打名菜;再比如,在活动导演、网红大V的策划和组织下,牵头举办各种线下女性活动、女创业家论坛,传播新时代独立女性的形象,深化民宿的品牌价值、传递价值观。

三管齐下的循环式打造民宿IP法,是一种既不脱离实际情况,又有利于运营者及时调整经营策略、扫除盲点的动态优化方式。而且民宿IP本身也不是一成不变的,在三方配合循环中,可以不断迭代、优化,与时俱进。

## 二、构建文旅矩阵,开拓多元化业务

2019年全球爆发新冠肺炎疫情,这对民宿业乃至旅游行业带来了巨大冲击。正当所有民宿主为没有客人发愁时,鱼儿的家通过民宿＋疗休养、民宿＋培训、民宿＋私域运营等方式,多渠道进行流量"引流"和"分流",不仅在疫情冲击下活了下来,而且还做到了逆势生长。

### 1.民宿＋疗休养

民宿经营最大的挑战是淡旺季问题,暑期旺季房间供不应求,"十一"过后"门前冷落鞍马稀"。如何解决民宿的非周末和淡季入住问题,是摆在每家民宿业主面前的难题。"鱼儿的家"民宿群,共有50间客房100余个床位,包括湖景大床房、双床房、套房、家庭房、LOFT房、独栋别墅等多种房型,此外,还有餐厅、会议室、游乐园、运动阳台等多个业态,是一个小型的旅游综合体,可以满足政府和企事业单位团队职工疗休养的需求。在疫情中,个人的休闲度假需求是弹性的,但疗休养市场是刚需,每个职工每年都有一次疗休养机会。所以,"鱼儿的家"创始人余爱君将疗休养市场作为一个重点突破点。2019年下半年,"鱼儿的家"积极主动向淳安县工会、杭州市工会申请成为疗休养基地;2020年初,"鱼儿的家"被授牌为杭州市疗休养基地;2021年,"鱼儿的家"被授牌为浙江省省直机关自由行疗休养基地。有了这块牌子,就拥有了开拓疗休养市场的"牌照",负责人亲自带头,登门拜访杭州市重点省属、市属企事业单位工会和淳安县重点企事业单位工会负责人,展示介绍"鱼儿的家"专门开发的疗休养产品服务和专属政策。

浙江省的职工疗休养政策,2020年上半年报销额度是2000元/人,外出疗休养时间是四晚五天;2020年下半年做了调整,报销额度提高到3000元,允许职工家属随同参加,同时,鼓励灵活安排职工疗休养时间,原本一年一次的疗休养活动,也可分为两次以上来实施。根据浙江省2020年发布的疗休养规定,疫情期间职工疗休养不能出省,只能在本省内授牌的疗休养基地进行。2019年末和2020年初"鱼儿的家"拓展疗休养市场取得了显著的成效,2020年3月到5月,"鱼儿的家"客房入住率比2019年增加了30%,达到了70%,营业额也比2019年增加20%左右。2020年7月水灾之后,八九月份入住率呈爆发性增长,入住率达到了90%多,营业额也翻了一番。从整年来看,"鱼儿的家"客房入住率高于2019年同期,其中,疗休养客人的营收占了全年营收的一半多,形成了"旅游淡季(3—6月、11—12月)做疗休养市场、旅游旺季(7—10月)做休闲度假市场","周中(周一至周四)做疗休养市场、周末(周五至周日)做休闲度假市场"的新格局。通过打通疗休养市场渠道,把疗休养服务做出特色做成标杆,形成了市场口碑效应,为"鱼儿的家"奠定了稳定的客源市场基础。

## 2. 民宿＋培训

民宿是一个多元化的综合体，不仅仅可以在吃、住、游方面给客人提供很好的体验，还可以跟教育培训结合起来，让业界人士在考察中得到学习和启发。

"鱼儿的家"不断地打造和提升匹配培训的场景和内容，硬件上配备了可容纳 50—60 人的多功能会议室、容纳 20—30 人的培训室，同时，租用毗邻民宿的可容纳 150 人的乡政府大会议室，如此可以满足大、中、小型培训团队的会议室需要；软件上，民宿创始人余爱君把她和民宿的成长经历、民宿的运营管理打磨成一个个课件，"白金宿民宿成长记""客户体验管理交流分享""把千岛湖带回家，浅谈民宿如何发掘和结合乡游的文化价值""私域运营的七龙珠体系分享"等，可以为团队客人提供扎实的培训课程内容。

2020 年初，"鱼儿的家"民宿和浙江旅游职业学院（简称浙旅院）达成合作意向，浙旅院正式把"鱼儿的家"民宿列为千岛湖的文旅实践基地。随后，浙旅院将其文旅培训班的培训课程结合"鱼儿的家"民宿经营管理课程开展了一系列的培训活动，相继举办了常山文旅培训班、新疆文旅培训班等项目，有了"沉浸式"的场景和实体案例，参与培训的学员受到了极大的启发，培训项目也获得了高度认可和反响。

同时"鱼儿的家"民宿和淳安县民宿协会合作，多次举办了"淳安县民宿行业技能提升培训班"，为淳安民宿行业赋能；并在浙江省文化和旅游厅指导下，承办浙江省旅游民宿产业联合会《民宿新媒体营销技巧交流活动》（多会场）等培训项目，都获得了合作方以及学员们的高度评价。据统计，仅仅 2021 年度，在"鱼儿的家"民宿中开展的培训项目就达到了25 个，累计学员超过 2000 人次。学员反馈，在"鱼儿的家"里，培训内容鲜活丰富，场景式教学体验效果很好。

因疫情政策,线下培训业务受到限制。余爱君认为,既然大家不能"走进来",那自己也可以"走出去"。她认真梳理民宿课程,提炼培训经验,开始尝试在线上进行培训课程和案例的分享。两年来,鱼儿陆续以特聘讲师、嘉宾的身份,参与了全国县域民宿经营高级人才线上培训班、世界乡旅学堂等多个平台的线上培训。2022年3月,余爱君在世界乡旅学堂全球直播平台上做主题分享"把千岛湖带回家——浅谈民宿如何发掘和结合乡村旅游的文化价值",一个小时的分享在线人数达3.6万,刷新了世界乡旅学堂开办以来64场线上直播的最高纪录。

借助这些传播平台,"鱼儿的家"获得了更多的关注,无形中为民宿也带来了极大的宣传,很多客人都是通过余爱君的讲课和分享才了解鱼儿的家民宿,产生了要到民宿看一看的想法,客人抵达民宿后通过实际体验传播好口碑,反过来又为鱼儿的家的案例增加了说服力和可信度,两者之间产生了良性循环。

### 3.民宿＋私域运营

经过四年多的运营,"鱼儿的家"已经积累了几万粉丝,其中大部分是回头客。如何维护几万粉丝?如何让粉丝与民宿保持互动?这里面除了"家文化"和民宿IP所带来的深度体验外,良好的私域运营也是不可或缺的。

鱼儿的家民宿把私域流量的七个重要节点打通,变成一个闭环,称之为七龙珠体系,寓意只要集齐七颗龙珠,即可实现愿望。

公众号(了解你)＋朋友圈(靠近你)＋视频号(认识你)＋团购(满足你)＋直播(喜欢你)＋社群运营(服务你)＋小程序(成交你)＝七龙珠。

2021年底到2022年上旬,疫情反复,民宿的到访客流直线下降,鱼儿的家民宿利用"七龙珠体系"开展了一系列的直播、团购等线上活动,每一次的线上活动,都是私域全域打通。公众号、朋友圈、视频号进行宣

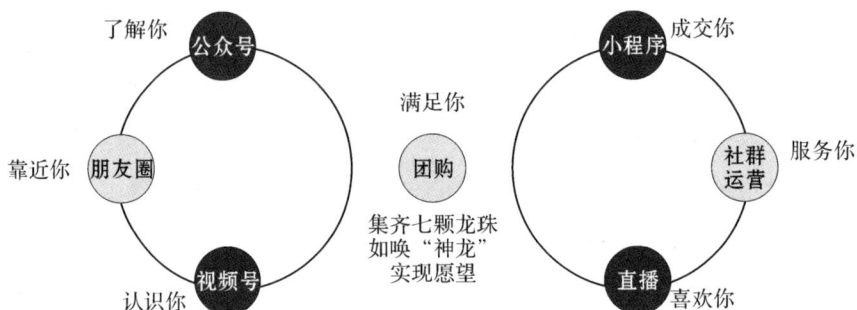

了解你　公众号　　　　　　　小程序　成交你

满足你

靠近你　朋友圈　　团购　　社群运营　服务你

集齐七颗龙珠
如唤"神龙"
实现愿望

认识你　视频号　　　　　　　直播　喜欢你

传推广,直播提供场景,团购和小程序进行变现,社群进行互动和售后。

2021年12月至2022年春节,鱼儿的家一共组织了7次在地物产的年货团购,品种囊括农家手工芝麻糖、金紫尖紫菊、土鸡、溪水鸭、土猪肉、土鸡蛋等,累计实现销售订单5000单,销售收入超过50万元。

疫情之下,打造"场景化"直播方式,把直播和民宿内容、产品结合起来,每周一小播,每月一大播;2022年首次直播,就实现了场观3000人次,带动房券销售150间。而通过她牵头的销售供应链,侧面带动了当地百姓近百人的就业,为区域经济做出了贡献,实现了乡村共同富裕的和谐愿景。

图为"鱼儿的家"民宿名牌特产——鱼儿三宝不只青绿礼盒装

良好的私域运营,既在疫情期间增加了民宿收入,也很好地维系了不能到店的客人与民宿之间的感情,通过持续的运营和营销,"鱼儿的家"也拥有一批忠实的支持者,他们不仅是"粉丝",还是"铁丝"和"钢丝",他们除了不间断通过线上和线下的方式到"鱼儿的家"体验消费,还主动为"鱼儿的家"进行宣传推广,粉丝经济的发展极大地支撑和推动了"鱼儿的家"的持续发展。

## 三、用心服务,以口碑赢得回头客

很多民宿都会花很多时间精力去做各种各样的渠道推广,抖音、视频号、小红书、微博等等,"一个都不能少"。"鱼儿的家"一开始也花了很多力气去做各种渠道推广,实践中发现,真正让流量变现是一条非常艰难的道路。其实,最快的裂变是把到"鱼儿的家"住过的客人服务好,只要他/她感到满意和收获惊喜,他们会主动发朋友圈宣传,让他/她的朋友圈关注到"鱼儿的家",从而吸引来更多精准的客户。

在民宿营业的这几年时间,作为主人的余爱君,坚守在民宿,亲力亲为,参与客户之间的互动和服务:在路边迎送客人,跟客人一起喝茶聊天,客人离店时亲手赠送温馨礼物……很多客户成了钢丝一样的粉丝。2020 年 2 月 20 日,政府宣布民宿可以营业时,一些老客户迫不及待带着家人和朋友来"鱼儿的家"长住。2020 年 10 月 1 日,有一个赵姓的客人在"鱼儿的家"休假,体验后感觉特别好,发了多个朋友圈,结果,他的朋友在 10 月 4 日也自驾车到"鱼儿的家"来休假,他的朋友也发了朋友圈,结果 10 月 7 日又有一波朋友特地赶来。

"温度是民宿的灵魂,服务是民宿的精髓。"为了不断提高客户满意度,"鱼儿的家"推出了"管家式服务",每一位住店客户,都安排一名管家提供全程服务:预定开始,管家加客人微信,关注客户的朋友圈、了解客户的兴趣爱好、跟客人各种互动;客人出发时,发送导航位置、沟通到达时间；客人到达时，管家到马路边迎接、带到大堂办理入住手续、送到客房介绍房间及设施服务；客户离店时，送到马路边，挥手告别……

根据对 2020 年全年通过社群渠道预订客人的数据统计，社群客人的复购率超过 40%，老用户"拉新"的比例超过 20%。

## 四、模式创新，开启"鱼儿的家人计划"

"鱼儿的家"，从一开始就定位自己不仅仅是一家民宿，而且是民宿美好生活场景的传播者和民宿美好生活理念的分享者。在"鱼儿的家"发展过程中，有很多客人变成了老客户，老客户成为老朋友，老朋友介绍来新客户。从 2020 年 11 月开始，为了更好地应对新冠肺炎疫情造成的客流波动，同时把真正喜欢和热爱"鱼儿的家"的客人变成伙伴，"鱼儿的家"推出了"家人计划"，招募客人成为"鱼儿的家"的主人，让全国各地的客人实现"在千岛湖畔有一家自己的精品民宿"的心愿。首期推出的"家人招募计划"分为"1 年家人""3 年家人""10 年家人"三种，以"1 年家人计划"为例，只有已经住过"鱼儿的家"民宿的客人才有资格申请，客人填写申请表得到"家委会"审核通过后，申请者缴纳 25800 元费用，可以享受的权益包括：个人及家庭 1 年内无限期住宿，另赠送 20 间客房使用权（可以赠送给亲属和朋友使用），1 年 2880 瓶定制的千岛湖深层活水、免费参加年终家人聚会、免费加入家人俱乐部，推荐客户入住民宿享受返佣等。通过"家人计划"，把来自全国各地、各有所长、志同道合的人汇集在一起，共同建设和发展"鱼儿的家"。

## 五、共享经济，走出共同富裕之路

随着"鱼儿的家"逐步进入规模化发展，前三期的运营也渐渐进入成熟期。第四期"不只青绿"民宿也在 2022 年 7 月正式开业。

　　与前三期不同的是，"不只青绿"民宿采用全新的"共享民宿"经济模式，对民宿项目股份进行混合改革。这次的混改理念是"强运营＋强整合＋强策划＋强流量＋强资源"的"五强模式"。其中，"鱼儿的家"民宿占了 40％，云港口村经济合作社占 10％，导演合伙人占 15％，千岛湖手工百万粉丝博主、抖音网红合伙人占 5％，其他的 30％由部分村民自发参股（见表 1）。

表 1　"不只青绿"股份混改"五强模式"

| 股份分配 | 股份比例（％） | 功能职责 | 优势分析 |
|---|---|---|---|
| "鱼儿的家"民宿 | 40 | 占主导地位，负责民宿的整体运营 | 继续打造"鱼儿的家"IP，把握民宿运营发展方向 |
| 云港口村经济合作社 | 10 | 推动本地投资、物业等方面的运营和开发 | 发挥其在物业管理、土地资源管理运营上的优势 |
| 导演合伙人 | 15 | 策划组织大型活动，提炼文化价值，打造文化 IP | 发挥策划营销、视觉表现、媒体传播等方面优势 |
| 网红大 V 博主 | 5 | 借助新媒体直播平台，吸引粉丝、带货、线上销售 | 发挥新媒体运营、超级流量变现，吸引线上年轻消费者的优势 |
| 当地村民 | 30 | 自发集资 | 获得当地村民支持，更好地开发挖掘整合当地资源 |

　　多方参与的股份合作共享模式，为"不只青绿"民宿注入了新的活力，引入导演合伙人、网红合伙人等优质资源，充分地发挥新媒体运营、超级流量变现，吸引线上年轻消费者的优势，村经济合作社和村民的参股，积极发挥在整合当地资源方面的优势，真正做到共创、共赢、共富。

　　"知易行难，知难行易。"总结回顾"鱼儿的家"民宿的发展历程，特别是近两年的"抗疫"历程，之所以还能够"活着"并实现赢利，根本上还是因为坚守初心。"做生意本质上就是做人"，任何商业模式，归根结底还是回到做人的本质。"鱼儿的家"始终如一地坚守。

真诚待人:无论是住店客户还是路过的人,来到店里都是家人,一律茶水和小点心相待。

乐于分享:无论是网友圈还是面对面,真实地分享观点和生活,乐于分享也赢来很多朋友的支持,越分享越幸运。

认真做事:踏踏实实做事,把自己的事情做好了,很多力量都会涌向你给你加持,自助者天助。

简单相信:碰到困难,始终相信困难过去就是晴天,始终相信信念的力量。

（原文发表于 2021 年 2 月 8 日《执惠》）

# 商业模式创新驱动企业快速发展

## ——季高集团在疫情下逆势增长的秘诀

2021 年 2 月份的季高集团年会上,季高集团晒出了一份靓丽的成绩单:2020 年营业收入较 2019 年度增长超 50%,其中,TOC(TO CUSTOMER,直接面向终端消费者)业务实现了零的突破,营业收入达到 3000 万元。由此,季高集团实现了 B 端和 C 端完整生态链的闭环,集团发展迈入了全新阶段。

在整个文旅行业哀鸿一片、文旅企业大面积亏损的不利形势下,季高集团能够实现营收和利润都快速增长,不能不说是一个小奇迹。季高集团是怎么做到的?

回顾 12 年的发展历程,季高集团发展战略持续优化,集团成长经历了多次重大战略转型,抓住新的时代发展机遇,突破了政策市场制约和企业发展"天花板"。

第一步:"卖设备",即高端儿童游乐设备供应商,主要做欧美高端亲子户外游乐设施的进口销售代理。

第二步:"卖方案",即整体解决方案提供商,从单纯"卖设备",到先给客户做策划设计方案,方案认可后才销售专项设备,从此实现从"卖硬件"到"卖硬件+卖软件"的结合。"卖方案"的标志是成立季高设计院,招募专业策划设计团队，专注做产品创意研发与方案设计。

第三步："卖工程"，即全产业链服务商，主要为地产开发商和城市开发商做亲子乐园的 EPC（设计施工总承包，一体化交钥匙工程）项目，已完成的标杆案例有珠海横琴星奇塔无动力世界（占地 65000 平方米）、湖北宜昌蓝之美童梦乐园（占地 79000 平方米）、湖南长沙贝拉小镇（占地 800 亩）、山东济南爱弥儿亲子乐园（占地 82700 平方米）、南京浦口草堂书乡无动力乐园（占地 9200 平米）。

第四步："做自有 IP"，在前三步设备设施、策划设计、工程建设的十多年经验基础上，2018 年，季高集团迈出了企业转型的关键一步，直接做 TOC（面向终端消费市场）的季高自有 IP 项目——季高兔窝窝亲子园。

季高兔窝窝亲子园位于上海国际旅游度假区薰衣草公园内，占地面积 50000 平米，汇聚近 20 种全球顶尖进口无动力设施品牌，超过 100 种亲子游乐设施，打造亲子游乐、研学科普、休闲娱乐为一体的多业态户外乐园，这是季高集团首个自主设计、投资建设、运营管理的自有 IP 产品，不计算土地租金，总投资额超 5000 万元。

万事开头难，受迪士尼乐园扩建规划的调整影响，原定 2019 年开业的季高兔窝窝亲子园，被迫进行规划调整，开业日期被迫延后。对于企业而言，每延后一天，就要损失租赁、人力、财务等费用，季高兔窝窝亲子园可谓"出师不利"。2020 年 2 月，上海市所有景区实现闭园，季高兔窝窝亲子园"因祸得福"，躲过了政策限制。2020 年 5 月 30 日，季高兔窝窝亲子园正式开业，"六一"当天迎来了亲子市场的热捧，当天的客流达到五千多人次。从 2020 年 6 月至 12 月，7 个月的经营期，季高兔窝窝亲子园入园人次超过 30 万，营收超过 3000 万元。需要特别说明的是，受新冠肺炎疫情影响，上海市教育局出台政策，学校不能组织学生去户外课堂，兔窝窝亲子园的重要目标客户——中小学研学市场迟迟无法启动,研学市场的客流直接归零,30 万入园人次是纯散客。

季高兔窝窝亲子园凭什么能够在开业首年(实际只有 7 个月经营时间)就突破 30 万人次?

优越区位:季高兔窝窝亲子园毗邻上海迪士尼乐园,距离迪士尼乐园入口处只有 1 公里,步行 15 分钟即可到达,离迪士尼地铁站口仅 400 米,步行 5 分钟即可到达。上海迪士尼乐园每年入园人次超过 1100 万,绝大多数是家庭亲子客群,季高兔窝窝亲子园与迪士尼乐园都是面向亲子市场(3-12 岁为主),可以共享和分流迪士尼乐园的部分客源。另外,亲子园周边配套了近 5000 个成熟停车位,通过为入园游客提供免费停车政策,深受亲子家庭的欢迎和好评。

创新理念:"亲子＋"理念,围绕儿童需求来展开,形成"亲子＋游乐""亲子＋教育""亲子＋体育""亲子＋度假"等主题游乐区块。其中,兔宝王国包括遗忘角、兔宝堡、幸福街等 7 个主题游玩区,成长世界包括飞行家、云中街、捕梦网和聪明角四个主题游玩区,创造湾包含大片绿地,可以举办各种集体活动和大型户外运动。

品牌产品:国际一线品牌、国际品质保证,融游乐性、科技性、教育性于一体,真正体现了寓教于乐。体验性项目包括攀爬、戏水、蹦床、萌宠、大滑道、碰碰车、卡丁车等,另外,还有亲子餐厅、亲子手工、创意写真等体验性活动。

自有 IP:选取了全世界孩子们普遍喜欢的兔子为主题动物,创造出 12 个兔子形象(包括 6 个男孩兔:兔拆拆、兔探探、兔冲冲、兔帅帅、兔叶叶、兔聪聪,6 个女孩兔:兔飘飘、兔馋馋、兔月月、兔彩彩、兔慧慧、兔影影),组成兔窝窝世界,让不同性别、年龄、性格的孩子们,都能在兔窝窝世界里发现真正的自我,在玩乐中成长。

专业运营:融旅游景区、亲子研学基地、户外教育课堂于一体,运营上也体现了融合的特色,既有面向游客的单次门票,也有面向会员销售的年卡。其中,门票分为平日票和周末假日票,如平日单人票价108元,一大一小套票168元,两大一小套票238元,两大两小套票328元。年卡根据家庭成员数量分为两种,两大一小年卡1199元,两大两小年卡1399元。据统计,2020年年卡销售了近2万张,获得年卡销售收入超千万,同时锁定了稳定的会员客群。

根据2021年1月统计数据,1月份淡季的入园人次超过4万多人。预计到2021年5月30日,季高兔窝窝亲子园一个完整年度的入园将超过50万,营收超过4000万元。

第五步:"做产业",最新定位为"亲子休闲度假产业投资运营商",季高集团下设设计、产品、建设、乐园、投资发展五大板块,并已经形成季高设计集团、季高建设集团、季高文化集团的完整产业链二级子集团矩阵。

为什么重点瞄准做城市亲子家庭游市场?

1. 微度假是介于休闲与度假之间的新类型;

2. 亲子家庭成为微度假主流人群;

3. 以亲子家庭为核心的微度假模型日益成熟。

季高一站式亲子乐园的价值:小而精、业态全、投入轻、黏性高、回报快。

2021年,季高集团即将迎来一个新的里程碑:打造自主IP室内亲子乐园品牌——JEGOLAND家庭娱乐中心,定位中国高端亲子乐园品牌。第一家JEGOLAND家庭娱乐中心超级旗舰店将于年内落户于粤港澳大湾区东莞市时尚文化商业新地标"33小镇"内,占地4000平方米,亲子乐园设计师们巧妙利用室内跃层结构,以"沉浸式亲子成长体验"的理念,打造出拥有多达46种玩法业态的超高欢乐值、超高颜值的奇幻亲子成长空间,满足各年龄层亲子体验需求,开启东莞亲子家庭娱乐又一城市打卡新地标。

2020年起,季高集团从单纯自主设计自己投资自己运营乐园,到输出 IP＋策划设计＋工程建设＋运营管理一站式服务,从立足上海到布局全国,合作模式也从输出产品和服务到联合投资、EPC/EPCO 等,目标是成为中国亲子休闲乐园的领军企业。

(原文写作于 2021 年 2 月 12 日)

# 横店梦外滩：影视文化旅游综合体的创新实践

1996年起步的横店影视城，在二十多年的发展历程中，走出了一条影视与旅游交融驱动的独特发展之路，开辟了国内影视旅游发展的新模式。随着国内旅游发展从门票经济、低端供给向产业经济、中高端品质化转型，横店影视城也面临自身转型升级的压力，而梦外滩影视体验度假区的诞生，就是在这一背景下横店影视城的全新探索。本文旨在通过对梦外滩影视体验度假区的创新要点以及"主客共享"多业态复合的影视文化旅游综合体模式的分析，为国内主题公园的创新发展提供借鉴与参考。

横店影视城梦外滩影视体验度假区，是横店影视城从旅游景区向休闲度假目的地转型的标杆项目，也是横店影视城第三代主题景区的最新代表。

横店梦外滩总投资35亿元，总占地面积500亩，总建筑面积近40万平方米，是一个以老上海文化为主题，集影视拍摄基地、影视主题乐园、影视主题度假酒店、老上海文化博物馆群、影视主题文创空间等于一体的影视文化旅游综合体。

横店梦外滩于2015年开始建设，2019年试营业，2021年正式营业。

目前梦外滩一期项目基本完成,二期项目已经完成规划设计。从规划到建设到运营,梦外滩项目力图打造一个全新的"主客共享"式的影视文化旅游综合体,同时满足影视拍摄工作群体、外来旅游观光度假客群、本地城市居民日常休闲客群三类群体的需求,同时三类客群的工作和休闲场景又互为彼此的风景,使之成为一个具有影视主题特色的、高品质的主客共融的美好空间。

# 一、横店影视城的发展脉络

横店影视城,从1996年为支持谢晋导演拍摄电影《鸦片战争》而建立的广州街·香港街起步,目前已经成为全国乃至全球最大的影视拍摄基地。横店旅游产业,也是在拍摄基地的基础上不断延伸与蜕变,创建了影视和旅游交融互动的特色经营业态,以影视带动旅游、以文化支撑旅游,最终形成了影视拍摄、旅游度假、文化娱乐等主营业务,构建起吃、住、行、游、购、娱、教、康、养等多产业要素组合的产业链条。2018年、2019年连续两年的游客接待量近2000万人次,年接待中外剧组300余个,至2020年底,横店影视城累计接待中外游客达1.8亿多人次,累计接待中外剧组3200多个,成功实现影视文化与旅游产业的融合发展,成为中国影视名副其实的"梦工厂"。

纵观20多年的发展历程,横店的影视旅游产业走出了一条独特的发展道路。横店影视城在全国首创提出了"影视为表、旅游为里、文化为魂"的经营理念,创建了影视与旅游双产业链交融驱动发展的经营业态,并始终坚持营销、产品、管理三位一体、统分结合的创新运营模式。在这一发展理念的指引下,依托横店影视产业的发展,横店文旅产业的发展也历经了几个阶段,从单一影视基地型的观光景区,再到以影视为核心内容的主题公园群,再到"横店影视城+"的"横店影视体验度假区"。

## （一）1996—2003 年，横店建成全球规模最大的实景拍摄基地/观光型为主的基地景区

1996 年为支持谢晋导演拍摄《鸦片战争》，横店建成了第一个影视拍摄外景基地——广州街拍摄基地，此后又相继建成秦王宫、香港街、清明上河图、明清宫苑、江南水乡、红军长征博览城等，横店影视文化产业发展进入拍摄基地大建设和影视剧组大集聚期，至 2003 年，横店已初步成为全球规模最大的影视实景拍摄基地。中国影视文化产业正式进入横店时期。

该阶段的横店旅游产业处在起步探索到初步形成的阶段。从 2000 年"八面山影视城"被国家旅游局授予 4A 级旅游景区称号开始，横店影视城正式步入旅游行业。2001 年开始，横店集团对旗下从事影视拍摄基地、风景点、宾馆、饭店等相关经营业务的 20 余家企业进行高度整合。依托雄厚多元的资源优势，影视旅游的集约化经营优势马上得以凸显，树立了"横店影视城"影视旅游品牌。2003 年，横店影视城公司组建了国内首家旅游营销专业公司，独创"统分结合，一城一策"的市场营销方略，构建立体化的营销网络。横店的年游客接待量，从发展之初的 20 多万人次到 2004 年的 269 万人次。

这个阶段的横店旅游，主要借助旅行社渠道推广的力量，在宣传上借势影视作品、影视基地的东风，在业态上基本处在影视基地的观光游，影视内涵的挖掘与旅游开发还很薄弱，那时经常能听到市场的反馈是"到横店只能看空房子"。因此在此后的十数年时间内，横店都在致力于提升文化内涵和产品体验度，把一座普通的影视基地"嬗变"成影视旅游主题公园群。

(二)2004—2014 年,形成全国最完整的影视产业链/影视旅游主
题公园群、5A 级旅游景区

这个十年是横店影视文化产业发展进入影视企业和影视人才大集
聚期。2004 年,横店被命名为国家影视产业实验区,这是我国第一个影
视类的产业实验区。至 2012 年,横店被命名为浙江省影视文化产业实
验区,横店影视文化产业发展上升为省级战略。截至当前,横店影视产
业实验区共入驻影视企业达 1500 余家,占浙江省影视文化企业一半左
右,其中全国排名前十的有 8 家,进入资本市场的就有 33 家,横店成为
全国影视文化龙头企业集聚度最高的地区。

这个十年也是横店旅游业高速发展的十年,完成了影视基地向影视
主题公园的转变,年游客量突破 1000 万人次,并相继被评为"全国旅游
系统先进集体""国家 5A 级旅游景区""全国旅游标准化示范单位"。

在这一转变的过程中,开发旅游演艺秀是横店最主要的手法与途
径。2002 年张艺谋导演的大片《英雄》在横店秦王宫拍摄,同年横店影
视城改编影片中"棋亭大战"的经典片段,设计了首个演艺秀节目"英雄
比剑"。该节目利用了威亚拍摄技术,集声、光、电等影视特效于一体,让
观众近距离感受到影视文化的魅力,一炮而红。此后,以"横店演艺秀"
为主打的横店影视旅游体验系列产品相继推出,特别是以国内首个灾难
体验实景演出《暴雨山洪》为代表的一批旅游演艺产品的推出,标志着横
店影视城旅游产品已经从单纯的场景观光产品向影视体验主题公园类
产品转型。

2007 年,横店第一个夜游主题公园"梦幻谷"建成开放,同时推出全
球规模最大的火山爆发实景演出《梦幻太极》,成为横店标志性旅游演艺
项目。2011 年《梦幻太极》《暴雨山洪》入选"最具国际影响力的中国十
大旅游演出"。也是这一年,横店游客接待量突破 1000 万人次大关,跻

身年接待游客超千万人次的全国主题公园第一方阵。

2013年，横店影视城又一口气推出四台大型演艺节目"紫禁大典""龙帝惊临""小鸟加油""秦淮八艳"，至此，横店影视城拥有23台规模不一、形式多样、精彩纷呈的旅游演艺节目，被誉为"中国旅游演艺之都"。演艺秀不仅为横店的旅游注入了灵魂，也是横店影视城最早尝试文化和旅游融合的路径。

## (三)2014—2020年，形成全国最完善的影视文化产业生态圈/影视文旅大消费体系，开启"横店影视城＋"新布局

这一阶段，横店影视文化产业迎来了影视资源和影视产业链各要素的大集聚，形成了立项审片、产业孵化、拍摄制作、产权交易、人才培养的全体系支撑，打造了场景搭建、设备租赁、道具制作、演员中介、餐饮住宿、娱乐设施的全产业链配套，形成了全国最完善的影视文化产业生态圈。2020年，横店影视文化产业集聚区正式挂牌成立，成为浙江省唯一的文化产业集聚区。

旅游产业此时也进入了"后门票经济时代"，随着与其他产业进行融合发展，细分龙头开始显现，横店利用自身的流量优势、规模优势、场景优势、一站式接待优势、影视资源优势，全面开启了"横店影视城＋"战略布局。通过推动影视文化与多种娱乐休闲业态融合构建文旅大消费体系，也为游客带来"住在电影里、吃在电影里、玩在电影里"的全方位沉浸式文化体验，依托于独特的场地和配套资源，推动"影视文化＋会务"发展，打造了宫廷宴、清宫宴、长桌宴、民国宴等主题宴会，让与会人员轻松跨越历史时空；在旅游购物方面，横店影视城积极推进"影视文化＋文创"，开发出了依托于影视文化资源的"我们的片场"产品系列和依托于历史文化资源的"穿越时空的礼物"产品系列，推动了影视文化、历史文化走进当代消费者的生活；在"影视文化＋体育"方面，以"跑进电影，穿

越历史"为口号的横店马拉松与影视文化的紧密融合,形成了趣味性、穿越感的文化特色,在全国的马拉松赛事中独树一帜;面向中小学群体,充分挖掘现有的文化资源和产业优势,推动"影视文化＋研学",开发出了影视文化研学、传统文化研学、红色文化研学等多种研学产品;在积极探索文化与旅游融合的基础上,横店影视城还积极创新"影视文化＋美食""影视文化＋娱乐""影视文化＋微电影"等新型文旅业态,构造全沉浸式的消费场景。

横店以平台化的思维,对这些产业在综合平台上进行有机整合,拓宽现有旅游的服务范围。另外,通过横店影视与历史文化两条文化主线的深化与延伸,在多产业互动的过程中,满足游客在游览与生活方式体验上的需求,将景区从"浅度的观光体验"逐步向"深度的文化沉浸式体验"方向转变,形成独特的影视片场(历史)的沉浸式生活方式。2020年,横店正式提出"横店影视体验度假区"的全新品牌定位。

经过20多年的发展积累,"横店影视城"作为一个文旅品牌,具有强大的发展优势。

第一,依托于全国最全面的影视产业生态圈,横店逐步形成了全球规模最大的影视实景拍摄基地、全国最为密集的影视产业集群和最为完善的影视产业服务体系,成为中国影视文化产业的发展重镇;

第二,横店积淀下了深厚的影视文化资源,在全国处于领先。据统计,全国1/4的电影和1/3的电视剧在横店取景拍摄,影视全产业链的发展为横店带来了影视工业文化和明星娱乐文化,如"影视剧文化"为核心的"片场文化""横漂文化""粉丝文化",为横店影视城打造影视泛娱乐IP打下了坚实基础;

第三,横店积累了时空跨度大而全的历史文化场景资源。横店建成了跨越五千年中华历史时空、汇聚南北地域文化特色的影视实景拍摄基地集群,并且通过影视剧作品的生产,逐渐形成了时空跨度大而全的历史文化场景资源积累。相较于历史文化名城,横店传统的历史文化资源底蕴不足,但发展形态更加自由,更容易与现代文化融合,天然享有历史文化创造性转化和创新性发展的优势;

第四,横店拥有富含时空穿越感的实地空间。全球规模最大的影视实景拍摄基地为横店提供了丰富的文化空间资源;

第五,横店影视城拥有全面的文旅配套产业链。横店影视城拥有种类最齐全的旅游演艺秀产品,还拥有丰富的景区、酒店运营管理经验。

虽然横店影视城已经取得了很大的成绩,很多方面走在全国的前列,但是,横店影视城的问题和不足也日益凸显:比如,在散客自助出游已成为当下旅游市场主体的态势下,横店的散客接待体系依然较为薄弱,大众对"横店影视城"品牌形象的认知仍偏重影视拍摄基地,休闲度假目的地的品牌形象较弱,此外,影视文化的深度挖掘还比较缺乏,缺少中高端的影视文化旅游"拳头"产品。横店影视城的发展再次面临转型升级的重大挑战。

## 二、梦外滩度假区筹建背景

梦外滩的启动和筹建,正是横店影视城处在第二和第三发展阶段交替下升级的产物。在这一步步的发展过程中,影视行业、旅游行业,国民的娱乐消费习惯都在发生巨大的变化,这些变化与横店自身的转型压力交织在一起,使得梦外滩在前期酝酿过程中需要综合考虑的因素很多,但在定位、规划、布局上,全国乃至全球没有现成的案例可以借鉴。

### (一) 影视拍摄方面

1. 实景上,年代外景地紧缺,老上海场景基本空白

从 1996 年为拍摄《鸦片战争》兴建广州街·香港街开始,横店影视

城陆续又建造了秦王宫影视拍摄基地（秦朝、汉朝历史主题拍摄基地）、清明上河图（宋朝历史主题拍摄基地）、明清宫苑（明朝、清朝历史主题拍摄基地）等影视拍摄基地，每年拍摄影视剧数量也在不断上升。至2004年左右，已经初步成为全球规模最大的影视实景基地。之后横店仍继续不断丰富和延展场景内容，又新建了春秋时期的春秋唐园，改建了众多革命战争题材所需的场景建筑，以及宫殿、城楼、街道、花园、民宅等众多不同类别的场景。到目前为止，横店大大小小拥有影视拍摄基地二十余个，场景1000多组，基本覆盖了全历史线。

十年前，也即上一轮革命战争题材、年代戏题材的拍摄高峰期间内，横店的场景并不足以满足剧组的需要，容量不够，品质欠缺，且没有剧组需要的某些特定、特殊的场景，尤其是老上海的繁华城市街景、石库门弄堂等，剧组往往在横店完成了绝大多数的拍摄量后，却因缺少最后这一部分场景，只能选择转场到上海车墩影视基地或者浙江湖州影视城补拍。那时听到剧组最多的反馈就是，"你们什么时候造一个老上海的拍摄基地？"这也是横店计划建造梦外滩最初的想法来源。

2.摄影棚紧俏，在高科技摄影棚群未完成之前，需有一批标准摄影棚支撑

在梦外滩的前期规划阶段，横店在影视拍摄方面碰到的另一个困扰，或者是非常急迫的需求，就是标准摄影棚的紧缺。

最近的七八年，选择摄影棚拍摄的剧组越来越多，剧组需要的摄影棚空间面积也越来越大。与外景地相比，摄影棚具有不受天气时间的干扰、美术制景的发挥空间更大、工作环境更好等独特优势。但是横店自身拥有的摄影棚只有20多个，电影级的摄影棚仅有6个，且面积多为两三千平米，远远不能满足拍摄的需求。

面对可预见的未来对摄影棚需求和要求的逐步增加，以及出于持久傲立影视拍摄基地行业龙头的需要，横店通过几步齐走的方式来应对这

一挑战:一是横店集团投资建设一批高标准的高科技摄影棚群,即现在的影视产业园;二是租赁和收购一批社会摄影棚。

但这两种方式都不能完全解决横店的摄影棚紧缺问题,第一种方法,投资建设周期长,不能在短时间满足需要;第二种方法,租赁或收购的社会摄影棚多是简易棚,硬件标准、基础设施严格说来都达不到拍摄需要。因此,在影视产业园建成之前,横店还是需要在短时间内建造一批或几个标准等级相对较高的摄影棚以支撑这段过渡期。

3.影视工作用房紧缺,剧组型酒店严重不足

横店镇目前拥有客房数量约2万多间,其中横店影视城旗下酒店的客房量约1万多间,从五星级酒店到经济型酒店均有,需要同时满足剧组、游客、自上门客人的接待需求。每到旅游旺季,抢房现象就十分突出,如何最大程度地满足客户需要,又保障酒店自身的效益最大化,排房成为非常具有考验度的精巧活。

同时,剧组酒店的功能与一般商务酒店、度假酒店还有所区别。剧组工作人员往往一住就是两三个月,他们居住的酒店需要有更多的生活化功能,同时也要有一定的工作空间。因此,横店在做酒店规划时,把剧组型酒店作为单独的品类进行了规划设计。

(二) 旅游方面

1.横店从观光型景区向观光、休闲、体验相结合的体验式度假转型需求

目前横店的主要旅游景区为秦王宫、清明上河图、明清宫苑、广州街•香港街、梦幻谷、圆明新园(春苑、夏苑),梦泉谷,以及梦外滩。这些景区大多脱胎于影视拍摄基地,虽然我们在影视基地内也植入了大量的体验型内容,但总体上来说,更偏重观光型景区。再加上大众对横店影视"城"的坚固认知,要向大众传递横店影视城其实不是"一座拍摄城",而

是非常好玩的、开放的、可以体验各式各样影视化生活的主题度假区这一新的调性,横店需要在模式和业态上打破自身传统,而梦外滩就是横店影视城"破城"的创新尝试。

2. "横店影视城＋"战略下的新业态产业的试验场与举办地

横店从 2014 年开始推进"横店影视城＋"战略的实施,通过娱乐、演艺、体育、研学、微电影、养生、婚庆、会务、美食、节庆活动、影视主题酒店、泛博物馆群等新业态产业、产品的培育开发,在原有旅游的基础上,形成新的活力,实现多产业互动,最大化地利用好年近 2000 万人次的客流,拉动更大的消费。为此,横店需要一个为这些新业态产业的摸索提供自由度更高的空间与试验场所。

## 三、梦外滩度假区的突破创新

基于横店现实的综合诉求,结合影视、旅游两大行业自身的发展趋势,以及国民消费习惯的改变,梦外滩进行了一系列创新尝试。

### (一)总体定位创新

旅游业早几年就出现了从单一景点景区建设管理向综合目的地服务转变,从门票经济向全产业链条的城乡经济转变,从封闭式的观光游览活动向全天候全范围全业态的综合性体验转变的趋势。而旅行服务商混业经营态势日趋明显,旅游住宿、旅游景区、主题公园等典型行业开始从单一形态向复合型生活场景方向变迁,城市里开始出现包含餐饮、娱乐、体育、休闲等多种功能的文商旅综合体。

基于横店影视城战略规划及客源市场研究分析,最终确定梦外滩的定位,就是集影视拍摄、主题乐园、主题度假酒店及其他多种娱乐业态于一体的一站式体验型主题综合体,在还原历史上老上海外滩原貌的基础上，充分挖掘老上海文化和影视文化，配以高科技多媒体各类体验项目，再融合主题演艺、主题文创、主题博物馆、主题体验项目等内容。

## (二)建筑形态创新

通过对剧组大量的调研和对老上海历史建筑的研究，将梦外滩的建筑选定在 20 世纪 20 年代至 40 年代的以外滩沿岸城市道路景观为主的建筑群，建有南京路、中山东路、西藏中路、四川路等老上海街道 8 条，对外滩进行了整体还原建设，特别是和平饭店、汇丰银行、海关大楼、怡和洋行等现在上海外滩仍能见到的著名历史建筑，做到 1∶1 的"神还原"。

同时，苏州河沿岸的历史建筑，以及老上海最具特色的石库门等，也进行了综合布局。石库门、南京路、老上海火车站、外白渡桥、上海大世界、国泰大戏院等一批老上海著名街区和地标性建筑，在梦外滩得到突出与集中的展现，并融合了花园洋房、戏院、里弄，以及各式城市建筑。这些场景支撑起了近两年大量在横店拍摄的重大献礼题材剧，同时，对后续旅游项目和产品的开发、主题文化的挖掘，都预留了充足的发展空间。

这些建筑的室内空间大多保留了中空的大空间，既可做摄影棚，又可以承办大型会务会展等活动，对改建成新的游乐项目也有足够的物理空间，对今后的复合业态发展也预留了空间。

## (三)主题场景创新

主题是主题公园的灵魂，基于老上海文化与影视文化的两个大主题背景，如何进一步分解成可应用于各项目的小主题，需要在主题挖掘和定位选择上做较多功课。这两个大主题可挖掘的内容实在太多，海派文化、红色文化、名人名流、黑帮文化、商业文化、风情风物等等，以及那么多以老上海为时代背景的影视作品，因此要做进一步的聚焦，落地到具体的演艺主题、博物馆的主题、游乐设备的故事主题、儿童体验馆的主题,以及服务特色中去。尤其是作为主题文化应用最细的酒店,如何系统地植入文化?经过反复思考与梳理,提炼出"上海风系列"主题,上海风貌、上海风俗、上海风情、上海风华、上海风骨、上海风云、上海风味,从楼层、客房的主题到餐饮、软装、产品等等,将诸多元素进行串联设计。

## (四)项目业态创新

在主题公园领域,在 2014 年以后,以三维、四维、动漫、科技为主的第四代主题公园进入了蓬勃发展期。第四代主题公园在第三代以各种室外动感体验设备为主的游乐园基础上,融入了更多的科技元素,更加重视游客体验与互动。国外主题公园进入中国后,在技术与创意方面遥遥领先于国内主题公园,形成了强大的吸引力和竞争力,最具代表性的就是上海迪士尼乐园和北京环球影城。以 2016 年开业的上海迪士尼乐园为例,它的明日世界主题区"极速光轮"超未来风格过山车,本质上是一款座椅设计为摩托车形状的过山车,模拟赛车系统并不稀奇,但是"极速光轮"的构想和设计非常精妙,主题、AV、流畅、高速的设备和营造的沉浸式环境,给游客带来前所未有的沉浸式体验。

研究国际顶级主题公园的优点,梦外滩在项目开发的原则上是坚持影视文化路线不动摇,以科技与文化主题创新为支撑,开发新的交互体验方式,所有项目体现内容要有文化、有技术手段,能跟上行业竞争的脚步,为游客带来持续的新鲜感和吸引力。目前在梦外滩已经推出的几个项目中,取材于国内首部彩色动画片《大闹天宫》的剧院是动感球幕影院,取材于谍战追逐题材的《生死营救》是运行中的电车、动感轨道与大型曲面 LED 屏幕相结合的胶囊式沉浸秀,二者均得到了游客的追捧和好评。

# 四、梦外滩度假区的重点创新项目

## (一)梦外滩主题酒店

梦外滩主题酒店，其实是酒店群的概念，包括各种不同等级、不同功能的酒店。按照总体规划，梦外滩将建设 3000 间左右的客房体量。目前建成的主要是百老汇大厦、礼查饭店、俄罗斯公馆、先施宾馆，有 600 余间客房。在探索主题酒店多种业态相融合的可能上，梦外滩做了很多努力与尝试，成效较为突出。建成一年多时间，百老汇大厦成功申报金鼎级主题文化特色饭店，连续两年获浙江十佳特色主题酒店。平均住宿率可达到百分之七八十。

在建设理念上，以特色最为明显的百老汇大厦为例，其原型就是上海黄浦江与苏州河交汇处、外白渡桥北侧的上海大厦，这座三角形的建筑与外白渡桥构成了上海外滩标志性的景观。在还原建筑外观的基础上，在酒店内部做了大量的老上海文化植入，在满足度假功能外，最大化地把它建成景区化、打卡式的酒店。

酒店的软装设计邀请了剧组美术以及博物馆的展陈专家一起把关，陈列在角角落落的钟表、留声机、打字机、老式电话机等，是从世界各地淘来的充满年代感的古董物件，大厅里摆放的钢琴是一百年多前的德国制造，音质依然清澈醇厚，每台留声机放上唱片都能发出久远的声音。自助餐厅内的桌、椅、沙发，乃至看上去只是装饰物的厚厚的硬壳书，其实都是古董物件。客人一进入酒店，就能感受到浓郁的老上海气息和韵味，而剧组在这里取景，也几乎不需要重新制景，可以随来随拍。

除陈设装修外，我们在多种业态的融合上也做了诸多尝试，努力让酒店破圈、出圈。

"酒店＋演艺"：酒店每天都有三场老上海风的快闪表演，多位行为秀演员自由活动在大厅，客人一进酒店就有沉浸感，快速感受到老上海的氛围。

"酒店＋演出"：梦外滩酒店在 2019 年推出国内首个酒店原创沉浸式话剧《百老汇之夜》，酒店内的各个场所都是演出的剧场，观众们可以选择一个角色跟踪，零距离感受一场悬疑大剧，跟着不同的角色可以掌握不同的故事线索。这种玩法就是目前最火热的剧本杀的前身。2020 年 5 月，梦外滩酒店又引进国潮话剧《邯郸，又一记》，并率先尝试通过线上直播的形式演出，仅一天微博平台播放量就突破 3300 万。

"主题宴＋玩法"：怎么在用餐环节增强体验感，对此我们也做过很多尝试，开发推出了"上海风云宴"。比一般主题宴更创新的是，上海风云宴融入了更多的玩法，有剧情推进，有十几个人物角色，人物角色换上服装后，在酒店氛围辅助的工作人员助推下，用餐气氛会被瞬间拉动。该产品推出后，特别受到高端团队客人的欢迎。

"酒店＋影视体验"：除了给剧组提供天然的影视拍摄场景外，我们也针对住店客人推出"梦回外滩•好梦一日"的影视拍摄体验，在酒店内就可以当一回剧中人，做一回主角，拍一部自己的 MTV 或微电影。如果有小朋友随行，可以报名参加卖花童、卖报童的民国生活体验。

## (二)海上洋货博物馆

这是横店泛博物馆建设计划中的较大型的专题博物馆，主要展出的是从 18 世纪末至 20 世纪中期英、法、德、俄、意、美等西方十几个国家的三十多种衣、食、住、行、文化、娱乐相关的产品、艺术品，小到汤勺，大到大型钟表。整个展馆分为"西风东渐"和"海上风华""魔都奇珍""洋场曼舞""浮生年华"四个主题区，面积 1600 多平方米。

横店影视城从 2013 年开始规划实施泛博物馆群建设，以增强文化体验，从为旅游赋能的初衷出发，来促进横店文化软实力的提升。目前横店在各个不同的景区建成了中国电影放映机博物馆、大宋市井生活博物馆、清宫御膳博物馆、钢琴博物馆等几大专题馆，以及其他的小型馆和布展布景。在横店各大景区中看到的很多道具、布景，有些是"影视道具"，但还有很多是横店影视城多年收藏的真物件、老物件。目前横店的藏品达到了 3 万件左右。

## (三)"穿越时空的礼物"文创主题店

这是由横店影视城文创公司自主设计的集影视互动体验、文创商品销售和轻餐饮于一体的文创综合商业空间，也是横店文创的集成店之一。

"横店文创"是"横店影视城＋"战略下的业态延伸。横店文创公司成立于 2016 年，秉承"影视基因，娱乐精神"，致力于影视文化 IP 打造、文创产品设计开发与文创商业运营，形成了以"穿越时空的礼物"横店影视城官方文创商店为核心的景区线下商业布局，开发出"剧中人""剧小潮""大咖""映画横店"等产品主题系列和"吉格格""无名小英熊"等深受游客喜爱的卡通形象，以及"上茶图""姨十三咖啡""路人呷"等多个文创特色轻餐饮品牌，形成从产品研发、生产制作到销售推广的全产业链发展模式，产品 SKU 超 1000 个。在梦外滩的文创体验店内，除了售卖老上海特色的商品外，还有众多横店文创开发设计的商品。

## (四)梦外滩演艺秀

目前梦外滩的主题演艺秀主要类型：第一种是街头表演秀，包括街头互动秀和主题巡游类节目，主要是为了提升景区沉浸感气氛营造；第二种是剧场秀，其中包括展现中西文化碰撞下的老上海剧院文化的歌舞秀《啼笑洋戏》，萌想片场内的儿童剧《阿拉丁神灯》，以及景区内的王牌演艺秀《百老舞汇》。

《百老舞汇》是横店演艺秀 3.0 的代表作品,与《暴雨山洪》《走进电影》并称为"横店三大秀"。区别于 1.0 时代的传统封闭式剧场和 2.0 时代的全景开放式剧场,《百老舞汇》的最大亮点在于通过多表演空间的打造营造浓厚的沉浸感和代入感,是一台多场景沉浸式影视水舞秀。

节目故事背景设定在抗战前夕的远东第一歌舞厅百乐门的"最后一夜",以歌舞皇后红玫瑰和上海滩帮派老大强哥为主要人物开展。整个表演共有三个剧场,通过三个剧场的层层铺垫递进的演绎,全方位、全景式地展现老上海的风貌,观众从走着看、站着看,到最后坐着看,一路通过不同的观看方式获得全过程的沉浸体验。

第一剧场是石库门场景,有算命的、唱戏的、剃头匠、卖报童、遛鸟的老人、晒衣服的大婶等形形色色的底层市民,营造一个浓厚而真实的老上海市井生活场景,观众从进入剧院开始,就被带入了剧情氛围中。

第二剧场为码头场景,两大黑帮势力争抢地盘,用影视表现的方式展现沉重的黑帮文化,多层次多媒体技术让黑帮的血腥打斗、飞机的轰炸、漫天飞舞的消息等扑面而来。

第三剧场就是整台节目的高潮——百乐门歌舞厅,作为整场秀最核心部分,通过华丽的歌舞秀和大型水舞秀极尽展现老上海歌舞娱乐业的繁华与时代特色。水舞台是剧场最大的亮点,200 多平方米 10 多米高的水舞池,加入多重水特效技术,可完成 10 秒水陆舞台转换,1 秒干湿台转换,60 多名外籍演员献上精彩刺激的 10 米高台跳水、空中大飞人、花样游泳、花样绸舞等水上杂技。《百老舞汇》从策划到筹备历时 6 年,在横店以往演艺秀的基础上进行了全新的突破与创新,成为横店演艺秀的最新标杆。

(五)沉浸式高科技游乐项目

横店影视城近几年打造了几台游客评价较高的室内游乐项目,4D

轨道骑乘视频《龙帝惊临》和裸眼 6D 穹幕飞行影院《帝国江山》。梦外滩的《生死营救》《大闹天宫》、VR 摩托，不论从主题到场景的营造，还是设备的体验感、互动感，都在室内游乐项目上实现了较大的进步。

《生死营救》游乐项目，在胶囊屏、轨道等元素的动静结合上，做了创新处理。当游客乘坐有轨电车，进入半密闭的由大型曲面 LED 屏打造的胶囊式空间，体验生死时速时，车厢、轨道都会随之而动，对一直坐在有轨车厢中没有移动的游客来说，这是种意外的惊喜。这个项目受欢迎程度也超出了预期。

动感球幕影院《大闹天宫》取材于 1967 年动画大师万籁鸣创作的国内第一部彩色动画片《大闹天宫》的故事。整个项目是一个模拟历险记的室内游玩项目，从进入大厅开始就进入故事的铺垫，分金箍棒大厅、万籁鸣工作室、影视长廊、预演厅、座舱体验厅五部分。在这个项目中，对前面的排队、预演区环节做了重点设计。进入大门就是金箍棒大厅，一根巨大的金箍棒矗立大厅中间，沿着通道往里走，看到的是四幅万籁鸣西游记人物的手稿，接着就是万籁鸣工作室的复原场景。老式动画放映机里播放着孙悟空的相关音乐和戏份，看着墙上大师不同时期的作品，似乎能听到动画师工作和交谈的声音。万籁鸣工作室既是一个场景复原，更是一个小型的博物馆，里面有不少万老先生为创作大闹天宫而收集的大量与猴子、孙悟空、西游记相关的资料。高高的书架上全是各种关于孙悟空的研究资料，墙上挂着孙悟空相关的脸谱、戏服。其中不少画作都是原件，非常具有观赏价值。此外，沿途还设置了不同类型的多媒体互动设备，以及透写台、逐格摄影机、皮影戏表演、分镜头台本电子书、手摇留声机等互动性小设施，设计精巧有趣，游客在排队的过程中可以观看、了解到更多的背景知识。

梦外滩在 2022 年将推出全国首个 VR 双人摩托体验项目，这是一个以《古董局中局》为主题打造的寻宝类项目，整个建筑一半以上的空间都服务于故事,古董店迎客厅、鉴宝厅、仓库等空间布置上,都会做很多线索的预埋。梦外滩后续其他项目的开发,例如黑暗过山车、影视跳楼机,水上黑暗骑乘,以及与影视特效有关的体验项目,也会继续延续这个原则,在保证游乐设备本身的体验感外,将更加注重故事性,融入更多的类似密室逃脱、悬疑推理、剧本杀等玩法。

《萌想片场》是为亲子群体打造的一个影视主题的儿童职业体验馆,拥有近30个以趣味知识为基础、以影视技术为创意的娱乐体验项目。儿童职业体验馆在国内并不算稀奇,但影视主题的职业体验馆还是国内首家。在这里孩子们可以化身为"大导演""大明星",在红外线冒险屋,可以变身为身手矫捷的武林高手来回穿梭;在虚拟化妆间,选一套自己喜欢的衣服,模拟穿越换装;在幻影迷宫,孩子们一起走进多重镜面迷宫世界;还有绿幕抠像的"百变戏精",配谁像谁的亲子互动配音体验等。为增加儿童的直观趣味性,还设置了"戏精猫""摄像狮""牛导"等拟人化的角色IP。后续,我们还将对着角色进行进一步的商业开发。这个项目建成后,为梦外滩拉动亲子群体的效应十分明显,开业第一个月,拉动亲子收入增长30%左右,尤其是周边城市的周末亲子休闲度假游,带来了明显的拉升。

(六)"主题影视旅游十"项目

作为一个大型的综合体项目,依托于"横店影视城十"的业务延伸,梦外滩的业态横跨了研学、会展、婚庆、体育等多个领域。

研学:已退役的我国自主生产的导弹护卫舰"金华舰"落户在梦外滩,是金华地区重点爱国主义教育基地及研学教育基地,2021年7月正式开放。在此基础上,我们还开发了系列与海军军事有关的研学课程,比如海军旗语课、结缆绳课等。另外,上海还是中国革命的"红色源头",2021年建党百年,大量红色献礼影片在这里拍摄。也为后面的研学体验课程的研发提供内容素材。2021 年 8 月，梦外滩度假区与上海翔宇公益基金会达成了"红色经典传颂地"项目合作，将在梦外滩落地"一套书、一间房、一个班、一艘船"系列活动，纪念周恩来总理在上海期间的革命活动事迹。

体育：梦外滩落地了很多大型体育赛事，比如全球华人篮球联赛、青少年乒乓球积分赛等。景区充分利用摄影棚空间，将赛事搬进摄影棚内，2016 年举行的第 32 届全球华人篮球赛，在空旷的摄影棚内，铺上塑胶，装上球框，搭起篮球场，346 支参赛队伍，4500 多名参赛运动员，18 片球场同时开打，4 天时间进行了 500 多场比赛，创下了全球华人篮球邀请赛参赛队伍最多，参赛人数最多，比赛场次最多的纪录。横店最大的品牌赛事"横店马拉松"2021 年也将跑进梦外滩。目前景区也正在计划引入与体育相关的小众项目，比如拳击、滑轮等。

会务会展：梦外滩园区内有多个大型摄影棚，都是优质的活动举办场地，这里举办过的活动包括影视产业博览会，以及各种不同品牌的新品发布会、秀场等。目前几个场馆、剧场已经成为横店承办各类会务会展活动的重要场所。

婚庆："穿越时空的婚礼"也是横店重点打造的子品牌之一。横店拥有独一无二的场景特色和一站式的接待能力，推出了系列的婚庆类产品，庄重典雅的秦汉帝王婚礼、有皇家气派的宫廷婚礼、奢华浪漫的皇家园林婚礼，以及经典传奇的民国世纪婚礼等。凭借老上海的"万国建筑群"的原貌基础，横店迅速成为浙中地区热门的婚纱摄影基地。

旅拍：由婚纱摄影渐渐延伸出来的旅拍、美拍等十分受到年轻人的欢迎。梦外滩度假区内的老上海的有轨电车、风情浓郁的街区等，以及景区可提供不同风格的服饰妆发、道具、主题场景、小视频拍摄制作的技术支持等，是旅拍的绝佳之地。目前旅拍是梦外滩年轻散客选择较多的体验项目之一。

多业态产业的融入，大大增加了梦外滩的旅游内涵，从投资角度看，包容度更大的综合体，回报投资的入口就会增多，这对梦外滩的经营是非常有益的补充。

## 五、梦外滩的实践创新总结

梦外滩度假区是横店影视城全新打造的首个影视文化旅游综合体，也是横店影视城第三代主题景区的代表。

目前国内由影视延伸出来的旅游目的地与主题公园，大致有几种类型：一是以迪尼斯、环球影城、华谊电影小镇为代表的以影视 IP 衍生开发为主题的乐园；第二种是以横店影视城、无锡、象山为代表的由影视基地转换而来的主题公园；第三种是由某部影片或电视剧的热播而引起关注的目的地，或者叫取景地，比如云南的普者黑、重庆的洪崖洞等。而梦外滩的模式与上述几种都有较大的不同，它作为集影视拍摄、主题乐园、主题度假酒店，及其他多种娱乐业态于一体的一站式复合性体验型主题综合体，其模式在国内的主题公园领域还是全新的尝试。

而对横店自身来说，梦外滩度假区在以上两代景区基础上既有传承又有创新。

横店第一代主题景区为以秦王宫、清明上河图、明清宫苑等为代表的传统基地型景区。在初始的建筑结构上，完全以满足剧组拍摄需求为目的，并没有做任何游览功能上的考虑。后续随着旅游业态的引入，进行了逐步的完善与丰富。

第二代主题景区是以夜游景区梦幻谷为代表的现代游乐园式的景区，以现代刺激性的室外游乐设备为主，辅之以演艺秀、商业等内容，在统一而连贯的主题化包装上稍显薄弱。除旅游主题活动策划外，其竞争力的有效体现在于游乐设备的多寡与刺激程度。同时在剧组拍摄功能上,几乎没有考虑。

　　作为第三代主题景区的梦外滩度假区在业态上,同时兼顾了剧组拍摄和旅游度假,最大程度地实现两者的兼容共享。同时在传统的观光游,现代人追求的体验游、主题游,以及体验慢生活的休闲游上,梦外滩都进行了综合考量与平衡,同时保留了业态进一步延展的空间。在日常运营上,梦外滩对横店以往侧重团队接待的接待模式有了较大的变化。全天候的体验项目,10分钟一班次的环绕全景区的电车之旅,以及随停随拍的老上海风情,景区与酒店的贯通,都更加适宜个性化的散客旅游。

## 六、梦外滩未来发展规划

　　目前的梦外滩度假区仅建成了总体规划的一期项目,二期项目正在建设当中。

　　首先,二期的梦外滩,在建筑形态上,将在一期基础上继续完善对外滩沿线建筑的延续和补充,完整呈现老上海外滩最精华路段的建筑形态,同时也将选建金门大酒店、跑马总会、商务印刷馆、英国领事馆、南洋兄弟烟草公司、马勒别墅、美国花旗总会等老上海其他著名历史建筑。同时,科技驱动型的数字虚拟娱乐体验项目也将在二期持续推出。通过多媒体、装置艺术、算法影像、投影互动、VR/AR/MR等技术,结合中国文化、中国故事,让观众沉迷于场景中。

　　其次,更重要的是在业态上的丰富与完善。除了继续植入展现海派文化中的商贸文化、风尚文化、娱乐文化等主题博物馆、主题商业、影视特技特效游乐项目,以及剧本杀、密室逃脱等沉浸式新玩法等多形态的互动娱乐项目外,将着重在度假酒店、会务会展上做延展,将新建2000多间客房,多个大型会展中心。全部建成的梦外滩,将成为浙江乃至长三角最大的影视主题综合度假区,在多业态的叠加、多流量的共享之下,将带动横店向全国最优的影视体验度假区转型。

再次,老上海文化提升工程。梦外滩的主题文化除了影视外,最大的主题来源是老上海文化。老上海是中国近代历史的缩影,文化之丰富、多元,于横店梦外滩而言是取之不竭的宝库。也正因如此,需要在老上海众多文化中甄选出适宜横店的部分内容。在一期项目中,已经开发了部分老上海文化,比如老上海的影视文化、部分餐饮文化等。但在文化的品牌力、品质感、旅游附加值的提升上还有很大的空间。为此,特别邀请了老上海历史文化方面的专家学者共同为梦外滩的文化提升进行诊断、把关,从文化升级、品牌升级、视觉升级、活动升级、商业升级、玩法升级上进行全面提升,利用好老上海文化,把它变成具体可视化、可感知、可消费的产品和服务,从而达到更高的品牌效益。其中对现阶段梦外滩来说的重点工作是对餐饮文化、小吃文化的挖掘与商业开发,这既是游客感知老上海文化最直观的体验方式之一,同时也是激活梦外滩现有商业的有效手段。

最后,对将梦外滩打造成为"主客共享"式的影视文旅综合体的总体设想来说,下一步着重做的是,在现有的基础上如何通过高效、高组织的运营机制嫁接进本地休闲游,使之成为影视拍摄工作者、旅游度假客以及本地城市居民共融共享的休闲目的地。

"本地化旅游"发展到现今阶段,包含了两层意思。

第一,也即狭义上的本地居民的旅游消费,本地居民的"游客化"。现在本地人的旅游休闲特征正在发生显著变化,他们与异地游客在旅游消费方式和消费偏好上出现趋同。传统的旅游要素已经难以满足游客体验本地居民生活方式的多样化要求,更多的生活服务业态承担了旅游休闲功能。原来属于典型本地生活服务场景的百货商店、美容美甲店、按摩店、超市、传统小吃摊、夜市、菜市场等不断与旅游业态融合发展,取代了仅具有游览功能的景区,成为旅游消费的新聚集地。

第二，也即异地游客感受本地化的生活，感受本地居民的真实生活和原真文化。尤其是像横店这样的影视小镇，游客对横店本地人的生活，对剧组明星等人群的真实生活、他们的消费场景是十分感兴趣的。当影视拍摄工作、旅游度假客群、本地城市居民三方群体共同活跃在一个场景、区域中，这种共享共融、彼此互为风景的烟火气是非常美妙的。疫情防控常态化形势下，本地休闲游已成为新的趋势，迫使梦外滩必须加速这方面的进度。

目前横店计划把梦外滩打造成横店夜生活的标杆，着手引入更多的本地居民和影视剧组会高频出入的消费业态，尝试对本地和周边城市市民实行开放式模式。2021年9月底，梦外滩首次尝试了对本地居民的限时免费开放夜游，辅之以"百县千碗"浙江11个地市的美食大集市，在未投入较大宣传力度之下，活动收效出人意料，3天吸引客流7万人次，最高的一天达3.5万人次，带动二次消费近百万，创下梦外滩开园以来入园人数之最。这次活动也为后续梦外滩做好本地化市场开发提供非常有益的经验与启示。

横店影视城从无到有，由"店"到"城"，发展到现如今的影视文化产业集聚区，浙江省重点培育打造的横店影视文化旅游区，凭借影视产业与旅游产业、影视文化与中国文化的融入融合，成为中国向全球展示中国影视文化、历史文化的一个窗口。横店将以梦外滩影视体验度假区为试点与突破，进一步探索文旅产业新模式，开发更多沉浸式、强互动、高品质的文旅融合新项目，不断用新的技术手段、新的创新思维、新的表现手法来实现文旅产品的转型升级，走出文旅创新融合的"横店样板"和"梦外滩模式"。

（本文系笔者与横店影视城桑小庆董事长及杂志社赵茵莙社长合作成果，入选《主题公园创新前沿：2021年中国主题公园研究院理化与实践文集》）

第三部分　未来展望篇

# 解码 2021 年旅游经济增长新引擎

在新冠肺炎疫情常态化防控和跨省游"熔断"机制下,国内旅游经济运行情况如何? 根据文化和旅游部日前发布的国内旅游抽样调查结果,2021 年前三季度,国内旅游经济总体保持恢复态势,结构优化、效益提升,省内游、乡村游构成了当前旅游消费增长的两翼。特别是 2022 年北京冬奥会举办在即,冰雪旅游、省内游、乡村游将成为四季度旅游市场的主要驱动力。

## 一、解读:前三季度国内旅游经济总体保持恢复态势文旅发展的基本面未改变

文化和旅游部日前发布的国内旅游抽样调查结果显示,2021 年前三季度,国内旅游总人次达 26.89 亿,比上年同期增长 39.1%。在业界更为关注的旅游收入方面,数据显示,前三季度国内旅游收入(旅游总消费)为 2.37 万亿元,比上年同期增长 63.5%。人均每次旅游消费 879.68 元,比上年同期增长 17.5%。

"在疫情防控常态化下,前三季度国内旅游经济总体保持恢复态势,国内旅游市场率先复苏,呈现内循环为主的明显特征,旅游接待人次和

旅游总消费同比增长保持 50％以上。如和疫情前的 2019 年相比,2021 年国内旅游经济恢复到 50％以上。"北京大学教授、博雅方略文旅集团首席专家窦文章说。

"从前三季度数据来看,中国旅游业具有'对疫情影响很敏感,但复苏速度也很快'的特点。"景域驴妈妈集团副总裁任国才说。

分季度来看,前三季度旅游市场呈现出不同发展特点。文化和旅游部数据显示,一季度国内旅游总人次为 10.24 亿,同比增长 247.1％;二季度国内旅游总人次为 8.47 亿,同比增长 33.0％;三季度国内旅游总人次为 8.18 亿,同比下降 18.3％。

任国才分析,一季度国内旅游市场的高增速,主要得益于当时全国疫情基本得到控制,2020 年蛰伏的旅游需求开始稳步复苏和逐步释放,而 2020 年第一季度全国旅游市场整体处于冰冻期,旅游出游数据处于近年来最低谷,相比之下才出现将近 250％的巨大增幅。

得益于清明节和"五一"两个假期的旅游需求集中爆发,带动二季度旅游数据走高。根据文化和旅游部数据,清明节假期全国国内旅游出游1.02 亿人次,实现国内旅游收入 271.68 亿元,按可比口径恢复至疫情前同期的 56.7％。"五一"假期全国国内旅游出游共 2.3 亿人次,实现国内旅游收入 1132.3 亿元,按可比口径恢复至疫前同期的 77.0％。

"在第三季度,河南洪涝灾害、台风'烟花'登陆沿海地区让多地旅游陷入停滞,而后疫情在全国多个省区市散发,导致暑期传统旅游旺季在8 月初提前结束。而 9 月份北京环球度假区的运营,则带动了北京旅游的整体复苏。"任国才说。

"值得注意的是,随着乡村振兴战略全面实施,农村居民出游旅行在稳步提升,将是国内旅游发展的重要潜在市场。"窦文章认为,前三季度国内旅游客源市场呈现明显的城乡二元结构。城镇居民出游人次占国内旅游市场的 71.9％,在增速方面,2021 年前三季度农村居民人均花费

596.66 元/次,高于 2020 年全年的 530.47 元/次,同比增长 18.1%。

由于近程旅游占比高、旅游产品价格低、景区减(免)票等,"旺丁不旺财"现象在前三季度旅游市场继续凸显。不过,在窦文章看来,前三季度人均旅游花费从 2020 年的 774.14 元恢复到 879.68 元(低于 2019 年的 953 元),在数次跨省旅游熔断情况下实现增长,从侧面体现出省域内短途旅游价值创造能力的提升,说明当前旅游经济结构得到调整优化,质量效益更是稳步提升。

任国才通过广泛走访、调研也发现,前三季度旅游市场正在发生新变化:一是在疫情防控较好地区,著名旅游景区游客接待量大幅回升,但绝大多数传统旅游景区"吃不饱";二是省内游比例大幅提高,跨省游比例大幅减少;三是以本市居民为主要客源的大城市近郊型景区,游客接待量明显好于以外地游客为主要客源的旅游景区。亲子家庭和亲朋好友小团体客群成为旅游客群主体;四是酒店民宿方面,高端特色民宿酒店入住情况良好,但很多标准化酒店入住率走低。说明群众对旅游的热情没有降温,对美好生活的追求更加热切,对疫情之后回归正常旅游休闲的期望保持乐观。

"疫情常态化并伴随局部地区疫情零星散发等不确定因素,旅游产业压力依然较大,但文旅发展的基本面和大格局从未改变。"对于未来,窦文章判断,保守估计 2021 年国内旅游经济恢复到疫情前的 55%以上。

"从改革开放至今,中国已经全面进入大众旅游时代,旅游已经成为人民群众美好生活的重要组成部分。受疫情冲击,2020 年全年国内旅游 28.79 亿人次,比 2019 年同期下降 52.1%,但中国作为全球第一大国内旅游市场的地位没有变,中国旅游市场的基本面没有变,只要疫情得到控制,旅游复苏快速显现。"任国才说,面对"常疫情时代",旅游从业人员既不能盲目乐观,也不应过于悲观,更不能听天由命。

窦文章认为,疫情及防疫部署倒逼旅游企业从"流量经济"向"价值创新"转型,拥抱新技术,线上化、数字化加速,沉浸式体验、智慧交互各显神通,云旅游、云休闲、网上博物馆等新业态大放异彩。中小微旅游企业抱团取暖、纾难解困、共渡难关,发挥行业协会、行业联盟作用,通过标准化、规范化、品牌化、专业化推动旅游高质量发展,形成具有竞争力的泛文旅企业生态圈。

## 二、前瞻:冰雪游、省内游、乡村游叠加,动力如何?

前三季度已交出答卷,而第四季度及不远的春节旅游市场还正待业界"书写"。过去的前三季度,省内游、乡村游构成旅游消费增长的两翼。而 2022 年北京冬奥会即将举办,冰雪旅游、省内游、乡村游等引擎有望带动四季度旅游市场高质量发展。

"带动三亿人参与冰雪运动"效果显著

随着 2022 年北京冬奥会的临近以及"三亿人上冰雪"口号的提出,大众对冰雪运动热情日益高涨,国内冰雪运动的热度不断提升。

"国内滑雪的热度已经超过 2019 年同期 3 倍。"去哪儿相关负责人介绍,未来一个月入住的北大湖、松花湖和长白山滑雪度假区酒店预订量均已超过 2019 年同期水平,北大湖滑雪度假区的酒店预订量增长超 2 倍。并且,随着国内滑雪度假区配套设施日益完善,滑雪场不仅是运动场,而且已经发展成为度假目的地。去哪儿数据显示,2021 年滑雪季"开板"后,四成以上游客住宿时间超 2 晚。

"除了冬奥会的带动,在疫情影响下,中国消费者的滑雪需求由欧洲、日韩转向国内,张家口、长白山、亚布力、松花湖、北大湖等集滑雪、度假为一体的滑雪场地订单量呈爆发式增长。"携程相关负责人介绍,11

月 4 日全国大面积降温以来,全国滑雪场门票预订量同比增长 363%。

数据印证了滑雪市场的巨大带动力:在 9 月底的"滑雪抢先囤"携程 BOSS 直播间,单场直播成交总额近 800 万元,比上年 11 月雪季的滑雪专场热度还要高许多。为此,携程正多措并举推动普通百姓参与冰雪旅游,推出超级品牌日、超级目的地、冰雪游直播专场、上线滑雪频道,还将打造更多"滑雪一日游＋滑雪快速体验产品",推出针对青少年的滑雪独立营、滑雪亲子营等特色产品。

"冰雪泡汤、避寒旅游是每年冬季旅游的热门主题。"驴妈妈旅游网 CEO 邹庆龄介绍,2021 年考虑到防疫需要,围绕居民不出省、不出市也能享受冰雪旅游、温泉泡汤等体验,驴妈妈在周边游板块中,加大了各省市对相关产品的覆盖,便于游客就近预订,产品的市场认可度也较高。

在住宿方面,途家相关负责人介绍,步入 11 月雪季,以滑雪为关键词的主题民宿搜索热度环比上涨 360%;河北、吉林、新疆成为搜索热度最高的滑雪目的地;河北张家口崇礼、吉林长白山国际度假区雪场、吉林松花湖等雪场周边的民宿订单量呈爆发式增长,部分热门民宿订单已预订到下年元旦。户外滑雪热使得交通便利、暖气充足、设施齐全还能洗衣做饭的民宿成了刚需。

途牛相关负责人介绍,近日冰雪主题度假酒店热度持续走高,"酒店＋"度假模式突破了酒店单品的局限性,集滑雪、娱雪、山地运动、康养于一体,在一定程度上补偿了游客暂缓远游的缺憾。途牛推出的多款长白山滑雪温泉酒店套餐均设置了超长团期,下年 3 月底之前都可预订,用户通过二次预约,可灵活安排出游时间。这类酒店有望在元旦前后迎来出游高峰。

值得注意的是,随着近年国内冰雪运动的推广,冰雪运动已经不止于北方,推进冰雪运动"南展西扩东进"的效果显著,"带动三亿人参与冰雪运动"逐步落实。四川、湖北和云南等地多家雪场在去哪儿的门票销量已经超过疫情前，周边的室内滑雪场地受到游客的青睐。截至目前，去哪儿平台门票增长最快的雪上乐园（雪场）前 10 家中，半数在南方，广州融创雪世界成为国内热门的室内雪场。

不过，也有业内人士直言，冬奥会的举办将带动冰雪主题度假市场走热，一些冰雪主题公园、人造冰雪运动场地可能会在节假日迎来一波消费热潮，但冰雪旅游市场整体热度可能不及预期。

1. 周边休闲度假消费继续唱主角

对于四季度及春节旅游市场走向，同程研究院首席研究员程超功认为，10 月下旬以来，境外疫情持续恶化，同时全国多个省份也出现了局部疫情反弹，外防输入和内防反弹的压力都很大，相关区域纷纷关闭旅游接待场所或暂停跨省游，从而对四季度的旅游消费需求产生了较大的抑制作用，特别是黑龙江等冬季旅游热门目的地出现疫情反复，整个冬季的市场预期要保持谨慎乐观。

"但可以预见的是，周边游和部分低风险地区仍然会在元旦、春节假期期间迎来消费小高峰。"程超功表示，即便就地过年，也不会影响人们在本地及周边休闲度假消费。

当前游客旅游需求如何？截至 11 月 17 日，携程平台已经陆续收到许多 2022 年春节期间的旅游订单，较 2020 年同期预订 2021 年春节的订单数增长显著。从当前预订春节的产品类型来看，度假型酒店是最核心的预订产品，主要出行人群为"80 后""90 后"。

携程相关负责人表示，出现早预订、同比增长显著的原因，很大程度是得益于常态化旅游直播种草，以及"先囤后玩"更省钱的消费理念转变。近期在携程的多场直播中，已经开始预售 2022 年春节时期的旅游产品，灵活的退订机制也充分保障了消费者的权益。

途牛相关负责人介绍，自 2021 年暑期以来，周边游已成为人们微度假的首选，也是 2021 年下半年热度最高的出游主题，预计就地过节依然会成为大众的主流选择,因此,第四季度途牛在上海、南京等城市周边主推温泉游、"酒店＋年夜饭"自驾游套餐,"酒店＋年夜饭"纯玩团等本地旅游产品。此外,四季度以来北京环球度假区的个人预订量虽稍有回落,但来自北京本地的企业团体预订有所增长,主题乐园游在年末有望迎来一波出游高峰。

在本地周边游方面,邹庆龄表示,驴妈妈四季度继续联合国内热门主题乐园及度假酒店集团,推出丰富的"景区＋""酒店＋"套餐,结合下午茶、城市微旅行等主题玩法,丰富 2 天 1 晚、3 天 2 晚微度假体验。另一方面,针对家庭度假推出驴途定制品牌,围绕冰雪、温泉等推出的系列精品休闲度假产品,打造一家一团的个性化体验。如驴途定制的北京京畿 3 日滑雪温泉手作一家一团美食游,包括世园汤泉、一日滑雪运动、手工制香非遗体验,周边美食铜锅涮肉、地道延庆农家菜、柳沟豆腐宴也都囊括在内,虽然价格相对较高,但是依然受到游客的欢迎。

在春节市场布局上,邹庆龄介绍,2020 年春节期间颇受欢迎的文旅微综艺新春直播节目——小驴陪你过嗨年景区云直播活动,目前也在和多个头部景区对接中,希望在这年春节期间为游客带来更多足不出户赏美景、学知识的体验。

2. 乡村游促旅游市场复苏

在疫情防控的大背景下,乡村游无疑成为旅游消费增长的新引擎。

位于北京市房山区周口店镇的黄山店村依托生态资源和历史文化资源优势,采取高端民宿品牌和景点品牌相结合打造的方式,将农村乡土气息与现代都市生活融合起来,成为众多游客欢迎的近地休闲旅游胜地。

黄山店村依托独特的自然景观,曾陆续推介坡峰岭景区和快活林、醉石林景点,成功举办过八届红叶节、三届黄栌花节,吸引了络绎不绝的游客。2018 年以来,为适应精品民宿市场日趋激烈的竞争态势,满足游客对特色化、品质化旅游产品和服务的需求,黄山店村又先后引进了烘焙、餐饮、芳香理疗等新型民宿业态,使农村乡土气息与现代都市生活实现了多元融合,打造出更高品质的慢生活空间,为精品民宿带来新动能。

目前,黄山店村已经利用旧宅分期改造建成了 40 多个精品民宿院落,精心打造了"姥姥家""黄栌花开""桃叶谷""云上石屋"4 个精品民宿品牌。春节、红叶节、黄栌花节等节庆期间一房难求,全年入住率近60%,民宿总收入达 2700 万元,绿色可持续发展的道路越走越宽。

与北京市房山区周口店镇黄山店村着力发展民宿休闲游不同,贵州省荔波县洪江村通过艺术赋能乡村旅游。洪江村曾是一个典型的深度贫困村,不但贫困户多、耕地面积少,且基础建设薄弱、村庄环境脏乱。后来,洪江村结合村落资源提炼出了"非遗洪江、艺术洪江、匠人洪江、生态洪江"的发展定位。洪江村利用村落闲置、干栏式建筑,结合民宿、集体建设用地试点等政策,邀请美国、西班牙、瑞士和中国各地的艺术家来到洪江,对复建老房进行艺术工作坊兼居室改造,全面开发利用闲置破败老房。洪江村还先后举办多个大型艺术活动,实现了生态经济和文化经济的融合发展。

随着艺术家的入驻及结合当地土布文化布艺培训班的开设,洪江的旅游产品由单一的山水风景转向以多元的文化支撑为主,现今群落式的洪江布依族干栏式建筑风貌,如艺术交流中心、土语南居艺术活动广场、雁西书院文艺交流中心、小梅摄影写生馆、国泰当代美术馆等,已成为洪江文化旅游的一道风景线。近年来,洪江村年接待游客 7 万人次,旅游年收入 300 万元,旅游带动村民就业 173 人,2020 年已实现全村脱贫。

## 三、声音

上海市某互联网公司经理陈影:之前每年春节都想去国外,特别是热带地方,暖和且花销可能没有国内大。但是因为疫情,只能在国内过春节,如果出去还是想去东北滑雪或者海南避冬。如果没法跨省,长三角周边我比较想去有温泉的地方,比如扬州等。希望疫情能早点彻底结束,否则去哪里都不方便。

来自郑州的 Sarah 女士:如果不受疫情限制,春节旅游更倾向于和家人一起去三亚或者东北,反正就是去自己没去过的地方。想去那边也不是为了购物,可能就是待着,舒舒服服地消磨时光,避避寒。如果没法出省的话,我身边有朋友会去逛逛庙会。

哈尔滨市民张先生:冬天如果不看雪,就意味着没有"节"的味道。春节期间我打算带孩子去亚布力滑雪场,反正距离也不远。雪是美好的存在,也能给孩子带来很多乐趣。

北京市某互联网公司从业者万女士:春节期间,我只想好好逛一逛王府井大街,尝一尝全聚德烤鸭。此外,王府井小吃街上有很多美食都是我的最爱,尽情享受美食也是一种舌尖上的旅游。

（原文发表于 2021 年 11 月 27 日《中国文化报》,记者:鲁娜　王伟杰）

# RCEP 为中国旅游业带来新机遇

2020 年 11 月 15 日,东盟 10 国和中国、日本、韩国、澳大利亚、新西兰正式签署区域全面经济伙伴关系协定(RCEP)。12 月 1 日的国务院常务会议对加快做好 RCEP 生效实施有关工作作出部署,这是继 11 月 18 日后,国务院常务会议再次部署这项工作。

RCEP 是全球参与人口最多、经贸规模最大、最具发展潜力的自贸协定,现有 15 个成员国总人口、经济体量、贸易总额均占全球总量的约 30%。相比其他自贸协定,RCEP 在很多方面实现了高水平开放。以货物贸易为例,协定生效后区域内 90% 以上的货物贸易将最终实现零关税;服务贸易方面,我国总体开放承诺显著高于成员国间现有自贸协定水平;在投资方面,这是我国首次在自贸协定项下以负面清单形式对投资领域进行承诺。

业界认为,RCEP 的签署及生效实施将带来更广阔的市场、更低的交流成本、更强大的文旅科技创新引擎、更便捷的文化交流,为旅游业发展带来崭新机遇。

根据中国旅游研究院发布的《中国出境旅游发展年度报告 2020》,2019 年,中国(内地)出境旅游目的地排名前十五位的国家(地区)中,包含越南、泰国、日本、韩国等 10 个 RCEP 成员国。

业界认为,RCEP 的签署将使成员国间游客流动更加便捷、旅游服务贸易更加频繁、旅游商品交易更加便利,进一步扩大人口红利。

中国驻首尔旅游办事处主任戴世双表示,RCEP 成功签署将进一步巩固已有的区域旅游多边合作机制,增进相互理解,促进旅游信息互通共享,从而实现区域内旅游业的共同发展。RCEP 区域优势和后续各国即将出台的相关配套政策会让游客往来更加便利、旅游花费更加合理,为区域旅游业发展带来中长期利好。

业界表示,RCEP 的签署重新建立了亚洲国家经贸和旅游的新秩序,为国际、地区间的文化和旅游合作带来新机遇,为我国各地拓展和巩固海外市场提供了新空间。

山东威海综合保税区商务局副局长李浩表示,威海可以利用区位优势与日韩更便利地开展贸易往来,抢抓机遇打通"四港联动＋综保区＋一带一路"物流通路,做大转口贸易、跨境电商等业务,全力打造四港联动"蓄水池"。

沈阳市文化旅游和广播电视局副局长孟繁涛表示,沈阳是韩国的重要客源地,RCEP 的签署有助于沈阳进一步拓展与日韩等国的经贸、旅游合作。"目前,以沈阳为主的辽宁多个城市与韩国旅游业界通过线上互动和交流等方式,深入探讨旅游合作新模式,不断深化文旅等领域交流合作,在互学互鉴中增加互信、增进友谊。"

RCEP 的签署为旅游业复苏发展提供了更多可能性,各成员国大多为中国重要的客源地和出境游目的地,这为我国旅游企业开拓国外市场带来更多机遇。

中国旅游研究院国际旅游研究所所长杨劲松认为,RCEP 合作机制下,跨境旅游市场发展潜力将进一步得到激发,并为夜间旅游、研学旅游、冰雪旅游、自驾游等细分市场带来更大成长空间,旅游装备制造等领域也将从中分享到红利。

景域驴妈妈集团副总裁任国才表示，旅游业是为游客流动提供全程服务的行业。"RCEP的签署将为中国与其他成员国间游客流动带来便利，推动旅游设施设备等货物贸易成本的降低，十分有利于未来出入境旅游的复苏。"

"旅游企业可借助RCEP的实施，继续深耕相关国家和地区市场，扩大在投资并购等方面的合作。"美团相关负责人说。

春秋旅游副总经理周卫红说，随着RCEP的签署和实施，关税的削减可以降低相关地区间航空物流的成本，促进出入境旅游业务的开展，有助于航旅企业开拓区域性发展空间。

RCEP的签署还将为各国在知识产权等领域的合作带来便利，助推数字文旅发展。"文化和旅游业界可根据RCEP成员国的特点，挖掘合作亮点，如进一步推进文化和旅游的数字化传播，发展数字文旅经济。这年新冠肺炎疫情发生以来，河内中国文化中心的文旅信息网络传播受众量是去年的40倍。公益性文旅信息传播与文旅数字经济发展应相得益彰，RCEP的签署让文旅数字经济大有可为。"河内中国文化中心主任陈运发表示。

对于如何借助RCEP红利加快文化和旅游业发展步伐，业界人士也给出了建议。

曼谷中国文化中心兼中国驻曼谷旅游办事处主任顾洪兴表示，作为中国文化和旅游面向海外交流推广的窗口，将借助RCEP签署带来的发展契机，与泰国进一步加强友好对话，扩大文化和旅游交流规模，不断优化旅游市场环境，提升旅游品质。

"我们将抓住RCEP签署带来的机遇，健全中新两国旅游合作机制，密切双方旅游部门间的沟通，共同推出新的旅游产品，进一步简化签证手续，提高人们出行意愿，让跨境旅游更加便捷，为旅游业复苏注入更多信心和动力。"新加坡中国文化中心兼中国驻新加坡旅游办事处主任肖江华说。

"中缅两国山水相连,下一步,我们将充分利用机遇,继续加强中缅文化、旅游交流合作,推动中缅关系在新时代取得更大进展。"仰光中国文化中心主任徐玲说。

（原文发表于 2020 年 12 月 9 日《中国旅游报》

本报采访组成员:黎晓倩 周凤文 李志刚 唐伯侬 执笔:唐伯侬）

# 应对新冠肺炎疫情文化旅游行业生存与发展的政策建议

习近平总书记指出,旅游是综合性产业,是拉动经济发展的重要动力[①];要抓住乡村旅游兴起的时机,把资源变资产,实践好绿水青山就是金山银山的理念[②]。然而,自新冠肺炎疫情暴发以来,疫情持续反复地突发,造成了文化旅游行业的多灾多难,尤其最近几个月,旅游不经意间成了疫情重要传播链,多个省份紧急全面叫停跨省乃至省内旅游。任何一个时期都不像现在,形势如此严峻,文化旅游行业已经到了生死存亡的关键时刻。

## 一、文化旅游行业正在经历疫情的生死考验

### 1. 文化旅游行业面临的生存考验

受新冠肺炎疫情冲击影响,2020 年国内游客 28.8 亿人次,比 2019

---

① 《习近平在俄罗斯"中国旅游年"开幕式上的致辞》,《人民日报》2013 年 3 月 23 日。
② 《乡村旅游提质升级 助力乡村全面振兴 ——党的十八大以来旅游业高质量发展系列报道之五》,《中国旅游报》2022 年 9 月 27 日。

年下降 52％,旅游收入 22286 亿元,下降 61％。大多数旅游企业 2020 年营收同比 2019 年普遍下降 50％—90％,绝大部分文旅上市企业陷于亏损境地。随着国内疫情得到有效控制,2021 年"五一"假期,文旅行业呈现强劲复苏势头,全国国内旅游出游共 2.3 亿人次,同比增长 120％,按可比口径恢复至疫前同期的 103％;实现国内旅游收入 1132.3 亿元,同比增长 138％,按可比口径恢复至疫前同期的 77.0％。但是,下半年新冠肺炎疫情反复突发,文旅行业复苏势头戛然而止。据业内人士估算,国内排名靠前的主题公园游客量平均减少了近 50％,经营收入减少 40％以上。90％以上的旅行社已经实际上停业,有相当比例旅行社已经注销或破产。

旅游大省云南在疫情中受伤严重。2021 年 3 月疫情爆发后,瑞丽全市进入"封城"状态,团队旅游瞬间熔断,散客旅游信心深受影响,旅游接待全面停止,旅游收入几乎归零。全省接待游客人数直线下降,成千上万的客栈挂牌出让。浙江省旅游业也受到较大冲击,根据不完全调研统计,2021 年饭店平均客房出租率已降至 15％—30％,退房退订退婚宴达到 80％—90％,营业收入断崖式下跌,下降幅度达到 50％以上,大部分饭店营收降至 2019 年同期的 30％左右。

据相关专业机构研究,旅游产业链涉及 109 个产业,核心关联吃(餐饮企业)、住(酒店、民宿企业)、行(民航、铁路、车船企业、旅行社)、游(景区景点)、购(购物场所)、娱(休闲娱乐和文化消费场所)等子产业。新冠肺炎疫情的反复,导致旅游企业的营收出现断崖式下降,在增收无望的情况下只能通过优化或裁员来续命。据不完全统计,80％—90％的旅行社员工已经处于实际失业状态,失业人口数量达到数十万人,加上旅游景区、酒店、民宿、车船公司的失业人口,旅游失业人口预计达到数百万人,直接影响数百万家庭的安居乐业,对于社会稳定埋下了不小的隐患。

2.文化旅游市场正在经历新的变化

近期,笔者在对国内几十家旅游企业(包括旅游集团、旅行社、酒店、民宿)走访调研过程中,发现文化旅游市场正在悄然发生一些的新变化。一是在疫情防控较好地区,著名旅游景区(如泰山、外滩、九寨沟等)游客接待量大幅回升,但绝大多数旅游景区"吃不饱";二是省内游比例大幅提高,跨省游比例大幅减少;三是以本市居民为主要客源的大城市近郊型景区,游客接待量明显好于以外地游客为主要客源的旅游景区。亲子家庭和亲朋好友小团体客群成为旅游客群主体;四是酒店民宿方面,高端特色民宿酒店入住情况良好,但很多标准化酒店入住率走低。说明人们对文化旅游的热情没有降温,对美好生活的追求更加热切,对疫情之后回归正常旅游休闲的期望保持乐观。

## 二、应对新冠肺炎疫情文化旅游行业生存与发展的政策建议

面对新冠肺炎疫情在国内多点反复、在国际持续蔓延的态势,文化旅游业不能听天由命、悲观等待,要通过国家支持、地方帮扶、行业携手、企业创新、员工创收等积极措施和方法,共渡难关,早日复苏。笔者提出以下几点建议。

(一)中央部委:紧急输血支持,制定恢复政策

文化是国家"软实力"的重要标志,旅游是中国人民"美好生活"的重要组成部分,为了让文化和旅游行业能够渡过疫情难关,中央及有关部委应做好顶层设计,制定具体部署。

1. 建议拨款设立"国家旅游紧急救援专项资金"

对于处于生死边缘的重点旅游企业,予以一定额度的免息或低息贷款,通过快速拨付紧急输血,避免企业突然死亡或企业负责人突然跑路

引起的三角债、上访等连锁反应。同时,减免或暂缓各种税费(尤其是房产税、土地税),维持运营的能源费用价格的补贴,缓缴或降低社保费率,根据相应条件享受"失业保险稳岗返还""残疾人保障金减免"等。

2. 建议研究制定支持旅游企业生存发展的金融政策、扶持援助、优惠政策

给予信贷扶持政策,疫情期间降低旅游企业银行贷款贷率,旅游企业缴纳的经营税中退税一部分给企业。对于确受疫情影响而发生严重性经营困难且无历史违法或失信记录的饭店予以必要的征信保护。给在疫情期间不裁员、有社会责任感的旅游企业发放稳岗补贴,以返还一定比例的上年度企业所得税的形式予以奖励。

## (二)地方政府:制定实施办法,帮扶旅游复苏

应对疫情,很多地方政府紧急出台了帮扶措施,为文旅企业解困减负,起到"雪中送炭"的良好效果。面对疫情持续反复,需要进一步深化加强帮扶措施。

一是建议各地政府尽快出台"帮助支持旅游企业解困减负的办法"及其"实施细则"。如 2021 年 6 月,上海市发布的《关于支持上海旅游业提质增能的若干措施》(又称"新 12 条");2021 年 7 月,广州市出台《关于印发积极应对新冠肺炎疫情影响着力为企业解困减负若干措施的通知》。地方政府要因地制宜,有位有为,积极通过各种方法为旅游企业和人员解困减负。

二是借鉴 2020 年的成功经验,地方政府可以继续发放面向市民和游客的休闲旅游消费优惠券、发放文化消费卡等。鼓励各级工会出台更加人性化的疗休养政策,让广大会员更好疗休养。通过以上措施刺激本地区休闲旅游消费和文化消费,以文化旅游消费拉动文化旅游企业复苏。

三是加快解决政府或事业单位采购旅游服务的"最后一公里"问题，允许"旅行社出具的合法有效发票可作为政府机关或事业单位开展党建活动、会务、研学等项目的报销凭证"，允许"五星级酒店、民宿出具的合法有效发票可作为政府机关或事业单位开展党建活动、会务、研学等项目的报销凭证"。

## (三)行业协会:推进互助自救,加强行业指导

旅游行业协会要充分配合疫情防控的要求,做好疫情防控的宣传,制定旅游防疫的指南。加快与其他行业的协同与合作,成立"文化旅游行业应对疫情协作互助协会",制定相应办法,加快文化旅游企业的互帮互助和抱团取暖。积极沟通工商、税务、文旅等相关部门,争取文旅企业的各种税费减免。针对疫情期间不能复工复产的企业或员工,组织相关行业和企业的讲师队伍,为旅游从业人员提供再就业公益培训,联合有招聘需求的企业提供再就业工作岗位,重点招聘文旅行业失业员工。

## (四)企业与员工:提高服务质量,积极转型求变

文化旅游企业和员工,需要进一步加强学习充电和内功修炼,不断提高旅游产品和服务的质量水平,通过高质量的产品和服务,赢得旅游消费者的信任和青睐,不断提高回头客比例和游客满意度。旅游企业积极推进预售营销、储值营销、标签营销、旅游直播等,将经营损失降至最低限度。对企业运营管理开支和最低现金流的保证进行有效控制,提高企业生存耐力。鼓励员工调休和使用年假、预支假期;弹性工作制、在线办公与在线培训的方式;鼓励员工自我提升素质能力,获得职业证书,提高职业综合能力;鼓励员工创新创业增加收入,通过直播带货、传播文化旅游知识等增加收入。

"留得青山在,不愁没柴烧。"中国作为全球第一大国内旅游市场的

地位没有变,中国旅游市场的基本面没有变,只要疫情可控制,旅游复苏终有期。"长风破浪会有时,直挂云帆济沧海",相信文化旅游行业在中央、政府、社会、企业和员工的共同努力下,定会勇渡难关,迎来明媚春天。

（本文系浙江大学区域中心生态文明研究所孟东军所长、中国主题公园研究院林焕杰院长、浙江君澜酒店集团王建平总裁、浙江大学西部院生态文明研究中心敖晶副主任与笔者的合作成果）

# 2021年旅游回顾与2022年旅游发展关键词

## 2021年关键词：不容易、不简单

【不容易】

中国经济不容易：国际上反华势力对中国围追堵截，外部环境更趋复杂严峻和不确定性，中央经济工作会议第一次正式提出中国经济面临的三重压力：需求收缩、供给冲击、预期转弱。

旅游行业不容易：旅游业本质上是人员流动的（"客流"）产业，人员不能流动，旅游业就不复存在。2021年，受国际国内新冠肺炎疫情持续反复的影响，国际旅游人次几乎为零，国内旅游人次前9个月稳步增长、后3个月断崖式下降，旅行社、邮轮企业几乎全部停滞，旅游景区接待量、航空公司客座率、宾馆饭店出租率大幅下降。

旅游从业者更不容易：旅行社、邮轮公司的员工八九成已经失业或转业，旅游景区、宾馆饭店、航空公司、OTA等企业也有相当比例的员工被裁员或减薪。旅游院校的毕业生面临"刚毕业就失业"的挑战，只能选择低薪就业或转行就业或继续读书深造等待时机。

## 【不简单】

中国宏观经济不简单:2020 年,中国 GDP 增长率 2.3％,是全球主要经济体中唯一保持正增长的国家! 2021 年,虽然面临国际国内的诸多压力和挑战,中国宏观经济依然保持良好增长态势,第一季度同比增长 18％、前三季度同比增长 9.8％,全年增长 8％左右。与全球主要经济体横向对比,2021 年中国经济增长有望继续排名第一。中国宏观经济是中国旅游复苏的经济基础和坚强后盾。

中国旅游企业不简单:具有互联网基因的 OTA 企业,是旅游企业中面对市场变化最快速作出反应的,在积极谋求转型中取得良好成效,携程持续推进 BOSS 直播和星球号,景域驴妈妈高位推动旅游 EPCO。传统旅游企业集团如广控旅控集团,在 2021 年中秋节前持续直播卖月饼,月饼销售额突破 1 亿元,创造了企业和行业的奇迹。中小旅游企业也在不断创新求变,千岛湖"鱼儿的家"民宿不断开拓私域流量,通过优质服务稳定回头客提高复购率,在多数民宿惨淡经营甚至停业情况下,依然创造较高的出租率和客单价,在疫情中逆势筹开新店。

中国旅游奋斗者不简单:中国旅游从业人员涌现出许许多多的奋斗者,既有百折不挠、永不言弃的奋斗者精神,也有大胆探索、积极创新的奋斗者行动,其中既有旅游管理干部、旅游企业家,也有基层的旅游从业人员,他们是旅游抗疫和旅游振兴的中坚力量。

# 2022 年关键词:稳、变

## 【稳】

中央经济工作会议提出 2022 年经济工作总要求:"稳字当头、稳中求进。"对于旅游业而言，"2020年，撑下去；2021年，熬下去；2022年，活下去"。

"留得青山在，不愁没柴烧。"作为旅游人，2022年，首先要保重好身体，"身体是革命的本钱"，也要保持好心态，"疫情短期不会过去，大概率会有反复，但随着抗疫防疫经验（尤其是"上海经验"）的积累普及和医学技术（新型疫苗、加强针、ICU）的改进提升，新冠病毒的危害性（死亡率）正在大幅下降，2022年下半年全面控制住的可能性值得期待"。一旦疫情被控制，旅游业的复苏反弹是必然的。2020年国庆假期、2021年清明假期和"五一"假期，旅游出游数据大幅反弹，甚至超过中国旅游研究院节前的预期，说明"旅游还是美好生活的重要组成部分"，只要中国经济稳定、国内疫情有效控制，旅游还是"新常态需求"。作为企业，要先稳住业务、稳定现金流。作为从业者，要先稳住岗位，稳住基本收入。

面对不确定的2022年，作为旅游人，每天坚持锻炼身体，每天对着镜子微笑，"在不确定性中掌握个人可以掌控的确定"，是应对疫情最简单易行、最容易实现的动作。

【变】

俗话说，"穷则变，变则通"。笔者老家浙江自古有传承基因和优良传统，"不等不靠不要，一切要靠自己"。"不找市长找市场。"面对充满不确定性的宏观经济和旅游行业态势，回到美好的过去已经不可能，被动等待很可能死路一条，唯有主动求变，变产品、变服务、变机制、变模式、变赛道，才会有新的出路，在大胆变革中反而有可能实现全新的突破发展。2022年，旅游的国内大循环已经成为定局，省内循环、市内循环将成为"新常态"，出入境、跨省市的旅游方式和经营模式要加快改变，城市休闲、城郊微度假、乡村康养、数字旅游、亲子旅游、研学旅游、体育旅游等，需求不降反升，市场潜力巨大，旅游商机无限。

"人不负青山，青山定不负人。"艰难的 2021 年已经过去，全新的 2022 年正在到来，让我们一起心怀梦想，奔向未来！

辞旧迎新之际，按照笔者多年养成的习惯，总结一下 2021 年的得失和立个 2022 年小目标。

一、2021 年的"得"

● "任在旅途"新增 11 个地市州（2020-12-21 到达中国第 280 个地市州——安徽省淮南市；2021-10-27 到达中国第 291 个地市州——云南省曲靖市），新增 58 个区县市（2020-12-22 到达中国第 1060 个区县市——淮南市凤台县；2021-12-29 到达中国第 1118 个区县市——襄阳市襄城区）。

● 出版《旅游百人谈（第一辑）》，在"5·19"中国旅游日上市发布。下半年完成"建党百年向百座图书馆捐赠计划"，《旅游百人谈（第一辑）》被包括国家图书馆、上海图书馆在内的全国各地 100 多座图书馆收录收藏。

● 一年出差 250 多天，与团队成员一起并肩作战持续奋斗，面对疫情冲击的巨大挑战和可能被新冠感染的风险，完成集团要求的 T1 指标。

● 写作专业文章 6 篇（按照导师勉励要求，坚持总结思考记录和每两个月写作一篇专业文章），包括一篇呈报给中办和国办的《内参》，接受媒体采访 10 次，论坛演讲或主题分享 30 多次，分享实战一线的思考，发出旅游业者的声音。

二、2021 年的"失"

● 距离集团要求的年度业绩目标还差一点，很遗憾没有完成 T2 指标。

● 因为疫情原因，部分出差或旅行被取消和延误，一年新增 60 个区县市的目标没有完成(2050 年目标走遍中国所有 2846 个区县市,已经过去 1 年,只剩下 29 年,每年平均需要新增 60 个)。

三、2022 年的"小目标"

"天行健,君子以自强不息。"2022 年,宏观经济和旅游行业可能会更难,但,"天无绝人之路",路是自己走出来的。2022 年,不忘初心,砥砺前行,百折不挠,一路向上。

● 尽最大努力完成集团赋予的业绩目标,为集团和公司创造更多效益,团队成员和个人同步"稳中求进",多赚点钱多储备粮食。

● 任在旅途到达中国 300 个地市州,到达中国第 1180 个区县市。

● 继续保持多动笔、多动脚、多动口,为中国旅游行业创新发展多建言献策,为地方旅游转型发展多贡献力量,为中国旅游行业疫后重生多发声加油。

(原文发表于 2022 年 1 月 1 日《执惠》)

# 置之死地而后生：2022年中国旅游业或触底反弹

　　2021年中国旅游业经历了上半年的强劲反弹和下半年的断崖式下降，众多旅游企业和旅游从业人员已经进入最煎熬的时刻。2022年，中国旅游业前景将会怎样？中国旅游业会迎来触底反弹吗？根据笔者对中国十多个地市州和五十个区县市的实地考察，以及与各级地方政府领导、旅游主管部门领导、旅游行业协会负责人、国有和民营旅游企业负责人、旅游行业专家、旅游业界人员上百次的座谈交流和沟通探讨，对2022年中国旅游发展前景进行展望和提出预测。

## 一、2021年中国旅游业回顾：高开低走，复苏路仍漫长

　　2021年上半年，旅游行业复苏势头强劲，"五一"全国国内旅游人次2.3亿，同比增长120%，实现国内旅游收入1132.3亿元，同比增长138%，按可比口径分别恢复至疫前同期的103%、77.0%。

　　进入下半年，疫情在全国多地反复突发，多省市紧急出台旅游限制政策，旅游行业复苏势头戛然而止。根据国内旅游抽样调查统计结果，

2021年国内旅游总人次32.46亿,比2020年增长12.8%,恢复到2019年的54.0%,国内旅游收入2.92万亿元,比2020年增长31.0%,恢复到2019年的51.0%。综合来看,2021年旅游业大盘虽然比2020年略有好转,但相比2019年仍然遭遇腰斩。

疫情的持续反复,导致旅游行业传统三大支柱(旅游景区、宾馆酒店、旅行社)企业的营收出现断崖式下降,大多数旅游企业的营收下降50%—90%不等,绝大部分文旅上市企业陷于亏损境地。据多位旅行社负责人向笔者反馈,全国90%以上的旅行社实际上已经停业,有相当比例旅行社已经注销或破产。在增收无望的情况下,企业特别是民营企业只能通过优化或裁员来续命,旅行社80%—90%的员工已经处于实际失业状态,失业人口数量达到数十万人,加上旅游景区、酒店、民宿、车船公司的失业人口,旅游失业人口预计达到数百万人。

2021年上半年,笔者对国内几十家旅游企业(包括旅游集团、旅行社、酒店、民宿)走访调研,发现旅游市场已经发生全新变化:

一是在疫情防控较好地区,著名旅游景区(如泰山、外滩、九寨沟等)游客接待量大幅回升,但绝大多数旅游景区"吃不饱";

二是省内游比例大幅提高,跨省游比例大幅减少;

三是以本市居民为主要客源的大城市近郊型景区,游客接待量明显好于以外地游客为主要客源的旅游景区。亲子家庭和亲朋好友小团体客群成为旅游客群主体;

四是酒店民宿方面,高端特色民宿酒店入住情况良好,但很多标准化酒店入住率走低。说明人们对文化旅游的热情没有降温,对美好生活的追求更加热切,对疫情之后回归正常旅游休闲的期望保持乐观。2021年下半年,随着疫情在多地反复,各地省份相继出台了限制"跨省游""出市游"的政策,跨省出市亲子家庭游、中大规模会议会展游几乎完全停止,取而代之,城市本地休闲游、城市近郊休闲游成为主要的旅游方式。

## 二、2022 年新挑战和新机遇：谁更胜一筹？

### 1.新挑战

　　新冠肺炎疫情依然是 2022 年全球和中国旅游业最大的"黑天鹅"。根据旅游业界独立学者王兴斌教授研究，2020－2021 年是全球旅游业自"二战"后的"至暗"时期，由于全球疫情防控政策限制跨国人员流动，多个国家的出入境旅游业基本处于停滞状态。根据联合国世界旅游组织的数据，目前共有 46 个国家(占全球所有旅游目的地国家和地区的 21％)的边界对游客完全关闭，还有 55 个国家的边境部门对外国游客关闭，预计 2021 年国际旅游人数比 2019 年下降 70％～80％。根据世界卫生组织的数据，一种名为 BA.2 的奥密克戎的亚变种自 2021 年 12 月份在英国、德国、丹麦、挪威等欧洲多国引发病例狂飙，全球已有超过 40 个国家和地区报告 1 万多起 BA.2 病例。在丹麦、印度、菲律宾部分地区，BA.2 已经超过奥密克戎成为主流毒株。病毒学专家预测，BA.2 恐掀起国际新一波疫情大流行，届时将对国际跨境旅游造成进一步冲击。

### 2.新机遇

　　(1)中国 14 多亿人口是全世界最大的国内旅游市场

　　2021 年第七次全国人口普查结果显示，中国总人口为 1443497378 人，其中大陆 31 个省份的人口为 1411778724 人，与 2010 年第六次全国人口普查的 1339724852 人相比，增加 72053872 人。持续增长的人口数量、稳步提高的教育程度(2021 年，中国人口平均受教育年限达到 9.91 年)、快速提高的城镇化率(2021 年，中国城镇化率达到 63.89％)，奠定了全球中国国内旅游市场的坚实基础。在出入境旅游短期内恢复无望情况下,旅游复苏振兴主要依靠国内旅游市场,14亿多人口的中国是全球最大的国内旅游市场,为旅游复苏提供了坚实的市场基础。

(2)世界第二大经济体是中国旅游业复苏的坚实经济基础

国家统计局数据显示,2021年中国国内生产总值1143670亿元(折合17.73万亿美元),按不变价格计算,比上年增长8.1%,人均GDP达到8.097万元,折合1.255万美元。1月27日,美国公布了2021年经济数据,美国GDP总量230396亿美元,人均GDP达到6.94万美元。中国占美国GDP的比重从2020年70%左右提升到了2021年的77%。多家机构预测,2028年GDP总量中国将超越美国,成为全球第一大经济体。

受全球新冠肺炎疫情和国际关系变化影响,2020—2021年,出入境游"按下暂停键","出境旅游国内化"已经成为新常态。2019年,中国出境游客人数达到1.55亿人次、出境旅游消费高达2万亿元,由于疫情原因无法出国旅游,这部分需求都"出口转内销",国内游迎来超级"内循环",在疫情控制后,这些"刚性"旅游需求将迎来井喷。

(3)疫苗接种的普及和治疗技术的提高是旅游复苏的技术保障

截至2022年1月30日,中国共完成新冠疫苗接种30.0198亿剂次,完成全程接种人数超过12.5亿人,疫苗接种率超过86%(超过全球医学界公认的"群体免疫接种率80%—85%"),另有23.5%的人口已经接种第3针疫苗,疫苗接种比例领先全球。根据钟南山院士的临床研究结果,普通人接种新冠疫苗后,能够有效避免病情恶化和死亡。除了全民普及疫苗接种外,中国医疗界对新冠病例的治疗技术和专业经验,在经历过武汉、北京、郑州等多地抗疫保卫战后,也在不断提高,新冠阳性病例的死亡率大幅下降,接近0。在疫苗接种和治疗技术两大保障下,人们对新冠肺炎疫情的恐慌心理正在大幅减轻。

2021年12月,联合国世界旅游组织呼吁,取消在奥密克戎

(Omicron)变体出现后实施的旅行禁令,恢复国际自由旅行。在欧美主要国家即将全面放开疫情管控政策、多数国家即将开放旅游管控政策的情况下,中国国内的疫情防控政策和旅游管控政策何去何从? 如果全面放开旅游限制,2022 年国内旅游完全有可能如 2021 年上半年一样,迎来"爆发性增长和报复式旅游"。如果适当放宽旅游限制或调整旅游限制政策,2022 年国内旅游预计也将迎来"低风险省份旅游快速复苏、经济发达省份旅游较快复苏"。

## 三、2022 年中国旅游发展展望:危之下,永远不缺机会

### 1.旅游市场:"双万城市"将在疫情控制后率先迎来旅游复苏

中国的主要旅游客源地在长三角、珠三角、环渤海、成渝、中原城市群,主要客源城市则是"万亿俱乐部"城市,根据 2021 年最新统计数据,中国"万亿俱乐部"城市达到 24 个,此外,城市常住人口超过 1000 万的城市达到 15 个,两者叠加的 15 个"双万城市"(城市 GDP 超过 1 万亿元,城市常住人口超过 1000 万,包括上海、北京、深圳、广州、重庆、苏州、成都、杭州、武汉、天津、青岛、长沙、郑州、东莞、西安),是中国最有旅游消费能力、出游需求最旺盛的客源城市。这些"双万城市"的市区内以及近郊区,是"常疫情时代"(限制跨省或跨市流动)的红利获得者,并将率先在疫情控制后迎来旅游复苏乃至大幅反弹。

上海市崇明区是典型案例,疫情之前上海市民近郊出游优选浙江的杭州、湖州、嘉兴、舟山以及江苏的苏州、无锡、常州、南京等,由于"出省游""出市游"的限制,上海市民出游首选依然是保留田园风貌和乡村风情的崇明区,加上第十届中国花博会在崇明的举办进一步提升了崇明休闲旅游的吸引力,2021 年崇明区游客接待量和旅游综合收入创历史

新高。

位于上海浦东新区国际旅游度假区的季高兔窝窝亲子乐园(户外亲子乐园),不但没有受到疫情的冲击影响,反而在疫情期间取得了"开业第一年入园人数超过 70 万、营业收入接近 3000 万"的骄人业绩;季高集团第二个自行投资的季高乐园(室内亲子乐园)选址在大湾区的东莞市区,2022 年元旦开园后,亲子家庭游客蜂拥而至,创造了日均营收超 10 万元的佳绩。位于杭州市郊区千岛湖畔的"鱼儿的家"白金民宿,2021 年尽管受到疫情的冲击影响,年平均出租率依然超过了 60%,2021 年底,"鱼儿的家"民宿逆势扩张,投资开发第四期民宿,致力于打造千岛湖第一个民宿集群。

## 2.旅游产品:"科技＋文旅"大行其道,旅游产品迭代更新速度加快

文旅部杜江副部长 2021 年 4 月表示,科技成为旅游业高质量发展的重要动能,以智慧旅游为核心的现代旅游体系建设进程正在加快速度,未来整个旅游业真正有前景的是"旅游＋科技"型企业。

2022 年 1 月,国务院印发了《"十四五"旅游业发展规划》(简称《规则》)。《规划》高度关注"科技赋能旅游",把创新驱动既作为发展原则,也作为发展任务。国内一批优秀的科技创意公司,如腾讯、中兴、商汤、金东、励丰、博涛、良业、风语筑、湃喏等,早在几年之前就已经纷纷进军文旅行业,或成立文旅事业部,或成立文旅科技公司,运用 5G、云计算、AI(人工智能)、VR(虚拟现实)、AR(增强现实)、MR(混合现实)等先进技术,对传统文旅空间、场景、业态、产品、服务进行再造,创造出一批标杆性的"科技＋文旅"项目,如金东出品的《微梦大梁门》、励丰出品的《姑苏八点半》、博涛出品的《无上龙门》、良业出品的《塘河夜画》等,树立了传统文化活化的样板和科技文旅融合的标杆。这些旅游业界前所未有的新场景、新业态、新产品、新服务,给游客带来沉浸式的全新体验,迅速

抓住游客特别是年轻游客的心,以市场力量推动了旅游产品的迭代更新和旅游产业的升级换代。2022年,科技渗透到传统旅游的趋势不可阻挡,"科技＋旅游"将成为传统旅游提升发展的必由之路。无论从政策导向还是市场需求,无论从旅游业提升还是目的地发展,都在呼唤科技进一步赋能传统旅游。

## 3. 发展模式:"国企＋民企""重轻并举""投资＋运营"

作为地方政府,核心目标是抓GDP、抓税收、抓就业,最终目标是改善民生。旅游业虽然贡献税收的能力很弱,但对提高就业、改善民生(尤其是乡村旅游)、带动GDP(旅游业关联带动效应)、改善招商引资环境等方面有很大价值。因此,很多地方政府都把旅游业作为"十四五"规划重点发展的产业。

国有旅游企业追求的目标和考核的指标,第一是资产(总资产、净资产)、第二是营收、第三才是利润。要实现资产的增加,刚起步时可以通过国有资产划拨,后续则需要企业通过重资产投资或并购才能实现,重资产投资或并购需要资金支持,而在融资方面(如低息贷款)或获取标的物(如国有景区)方面,国有旅游企业具有民企很难拥有的天然的优势。加上近两年民营旅游企业现金流非常紧张,欠缺能力和实力进行重资产投资。民营旅游企业的追求目标,第一是营收(现金流)、第二是利润(赚钱是硬道理)、第三才是资产(包括有形资产和无形资产)。国企和民企在共同做大营收方面有交集,国企的优势(融资优势、政策优势等)和民企的优势(市场优势、运营优势等)相互叠加和互补,产生全新的能量。

近几年来,奇创旅游集团、乡伴文旅集团等一批深耕旅游目的地的民营旅游企业,发挥在前期策划规划设计、中期招商引资或自有IP品牌输出、后期项目运营或渠道送客的优势能力,纷纷以EPCO(规划－投资－建设－运营)、FEPCO(融资－规划－投资－建设－运营)、EPCIO(规划－投资－建设－招商－运营）等合作模式，与地方政府或国有旅游企业集团合作，共同投资开发运营旅游项目。以奇创旅游集团与湖北红安县人民政府的全域旅游投资运营合作为例，红安县人民政府负责站台背书和独家授权，红安县旅游投资开发有限公司（国有旅游平台公司）作为资源开发商和项目投资商，奇创旅游集团作为智力服务商和项目运营商，三方联手，优势互补，合作共赢。

## 四、2022 年旅游复苏事在人为：唯有合力，方更可期

"天行健，君子以自强不息。"2022 年，新冠肺炎疫情在国内大范围暴发、大规模流行的可能性依然存在，但概率下降，2021 年底已经基本"触底"的旅游业，2022 年"触底反弹"的可能性大大增加。但要把可能性转化为可行性，需要政府、行业、企业、个人各方共同努力。

### 1. 国家部委：紧急输血支持，制定恢复政策

建议拨款设立"国家旅游紧急救援专项资金"。对处于生死边缘的重点旅游企业，予以一定额度的免息或低息贷款，通过快速拨付紧急输血，避免企业突然死亡或企业负责人突然跑路引起的三角债等连锁反应。同时，减免或暂缓各种税费缴纳（尤其是房产税、土地税），维持运营的能源费用价格的补贴，缓缴或降低社保费率，根据相应条件享受"失业保险稳岗返还""残疾人保障金减免"等。

建议研究制定支持旅游企业生存发展的金融政策、扶持援助、优惠政策。给予信贷扶持政策，疫情期间降低旅游企业银行贷款贷率，旅游企业缴纳的经营税中退税一部分给企业。对于确受疫情影响而发生严重性经营困难且无历史违法或失信记录的企业予以必要的征信保护。给在疫情期间不裁员、有社会责任感的旅游企业发放稳岗补贴，以返还

一定比例的上年度企业所得税的形式予以奖励。

## 2. 地方政府:制定实施办法,帮扶旅游复苏

建议尽快出台"帮助支持旅游企业解困减负的办法"及其"实施细则",如 2021 年 6 月上海市发布的《关于支持上海旅游业提质增能的若干措施》(又称"新 12 条"),2021 年 7 月广州市出台《关于印发积极应对新冠肺炎疫情影响着力为企业解困减负若干措施的通知》。

建议继续发放面向市民和游客的休闲旅游消费优惠券,鼓励各级工会出台更加人性化的疗休养政策,通过以上措施刺激本地区休闲旅游消费,以消费拉动旅游企业复苏。建议加快解决政府或事业单位采购旅游服务的"最后一公里"问题,允许"旅行社出具的合法有效发票可作为政府机关或事业单位开展党建活动、会务、研学等项目的报销凭证",允许五星级酒店、民宿出具的合法有效发票可作为政府机关或事业单位开展党建活动、会务、研学等项目的报销凭证。

## 3. 行业协会:推进互助自救,加强行业指导

旅游行业协会要积极与工商、税务、文旅等相关部门沟通,争取旅游企业的各种税费减免。要加快与其他行业的协同与合作,成立旅游行业应对疫情协作互助机制,加强旅游企业的互帮互助和抱团取暖。针对疫情期间不能复工复产的企业或员工,组织相关行业和企业的讲师队伍,为旅游从业人员提供再就业公益培训,联合有招聘需求的企业提供再就业工作岗位,重点招聘旅游行业失业员工。

## 4. 企业与员工:提高服务质量,积极转型求变

旅游企业和员工,需要进一步加强学习充电和内功修炼,不断提高旅游产品和服务的质量水平,不断提高回头客比例和游客满意度。鼓励

和支持员工通过弹性工作制、在线办公等工作方式，保持和提升业务素质和职业能力；鼓励员工以创业带动就业，通过直播带货、传播旅游知识等拓展收入来源。

中国抗击新冠肺炎疫情是一场"持久战"，但已经从战略防御阶段转入战略相持阶段，2022年大概率将转入战略反攻阶段，有望在不久的将来取得最终胜利。中国作为世界第二大经济体的地位没有变，中国作为全球第一大国内旅游市场的基本面没有变，"留得青山在，不愁没柴烧"。一旦疫情被全面控制，一旦旅游限制政策放开，国内旅游局部复苏必将快速到来，国内旅游全面复苏值得期待。

2021年12月，笔者应邀参加大三峡旅游一体化营销大会并考察重庆奉节白帝城－瞿塘峡景区，感怀古人逆水行舟，都要经历九死一生，联想当前旅游抗疫，曲曲折折、前途未卜。但只要坚守信念，一路向前，百折不挠，必将迎来全新未来。笔者特将所作七言绝句《白帝城》，赠予全体旅游业界同仁分享共勉。


白帝城

赤甲白盐两相望，

西陵瞿塘一线牵。

逆流而上多艰险，

夔门一开天地宽。


（原文发表于2022年2月4日《执惠》）

# 2022 年中国旅游发展展望：抓住新机遇 寻找新动能

2021 年,3 月 17 日,中共中央政治局常务委员会召开会议,分析新冠肺炎疫情形势,部署从严抓好疫情防控工作。常态化疫情防控以来,我们坚持"外防输入、内防反弹",不断提升分区分级差异化精准防控水平,使得我国经济发展和疫情防控保持全球领先地位。在欧美多数国家逐步开放旅游管控政策的情况下,中国国内的疫情防控政策和旅游管控政策对国内旅游业发展有怎样的影响? 2022 年国内旅游将如何在危机中找到新机?

## 一、旅游市场:"双万城市"将在疫情控制后率先复苏

中国的主要旅游客源地在长三角、珠三角、环渤海、成渝、中原城市群,主要客源城市则是"万亿俱乐部"城市(指中国全年 GDP 达到或超过 1 万亿元人民币的城市),根据 2021 年最新统计数据,中国"万亿俱乐部"城市达到 24 个,此外,城市常住人口超过 1000 万的城市达到 15 个,两者叠加的 15 个"双万城市",是中国最有旅游消费能力、出游需求最旺盛的客源城市。这些城市的市区内以及近郊区,是常态化疫情防控背景

下的红利获得者,并将率先在疫情控制后迎来旅游复苏乃至大幅反弹。

以上海市崇明区为例,疫情之前,上海市民近郊出游优选浙江杭州、湖州、嘉兴、舟山以及江苏苏州、无锡、常州、南京等,由于限制"出省游""出市游",因此,上海市民出游首选依然是具有田园风貌和乡村风情的崇明区,加上第十届中国花博会在崇明区举办,进一步提升了崇明区休闲旅游的吸引力,2021年崇明区游客接待量和旅游综合收入创历史新高。

此外,位于上海市浦东新区国际旅游度假区的季高兔窝窝亲子乐园(户外)不但没有受到疫情的冲击,反而在疫情期间取得了"开业第一年入园人数超过70万、营业收入接近3000万元"的骄人业绩;季高集团第二个自行投资的季高乐园(室内)选址在大湾区的广东省东莞市区,2022年元旦开园后,创造了日均营收超10万元的佳绩。位于杭州市郊区千岛湖畔的"鱼儿的家"白金民宿,2021年尽管受到疫情冲击,但年均出租率依然超过60%。2021年底,"鱼儿的家"民宿投资开发第四期民宿,致力于打造千岛湖第一个民宿集群。

## 二、旅游产品:"科技＋文旅"大行其道

当科技成为旅游业高质量发展的重要动能,以智慧旅游为核心的现代旅游体系建设进程正在加速,未来旅游业真正有前景的是"旅游＋科技"型企业。

2022年1月,国务院印发《"十四五"旅游业发展规划》(简称《规划》)。《规划》高度关注"科技赋能旅游",把创新驱动既作为发展原则,又作为发展任务。国内一批优秀的科技创意公司如腾讯、中兴、商汤、金东、博涛、励丰、湃喏等,早在几年之前就已经纷纷进军文旅行业,或成立文旅事业部,或成立文旅科技公司,运用5G、云计算、人工智能、虚拟现

实、增强现实等先进技术,对传统文旅空间、场景、业态、产品、服务进行再造,创造出一批标杆性的"科技＋文旅"项目,如金东出品的《微梦·大梁门》、励丰出品的《姑苏八点半》、博涛出品的《无上龙门》等,打造了传统文化活化的样板,树立了科技文旅融合的标杆。这些旅游新场景、新业态、新产品、新服务,给游客带来全新的沉浸式体验,迅速抓住游客特别是年轻游客的心,以市场力量推动了旅游产品的迭代更新和旅游产业的转型升级。

2022 年,科技渗透到传统旅游的趋势不可阻挡,"科技＋旅游"将成为传统旅游提升发展的必由之路。无论从政策导向还是市场需求,无论从旅游业提升还是目的地发展,都在呼唤科技进一步赋能传统旅游。

## 三、发展模式:"国企＋民企""重轻并举""投资＋运营"

旅游业在提高就业、改善民生(尤其是乡村旅游)、带动 GDP(旅游业关联带动效应)、改善招商引资环境等方面具有很大价值。因此,很多地方政府把旅游业作为"十四五"规划重点发展的产业。

国有旅游企业的追求目标和考核指标一是资产、二是营收、三是利润。要实现资产的增加,尽管起步时可以通过国有资产划拨,但后续则需要企业通过重资产投资或并购才能实现,重资产投资或并购需要资金支持,而在融资方面如低息贷款或获取标的物如国有景区方面,国有旅游企业具有民营旅游企业很难拥有的天然优势。加上近两年民营旅游企业现金流非常紧张,欠缺能力和实力进行重资产投资。民营旅游企业的追求目标一是营收、二是利润、三是资产,国有旅游企业和民营旅游企业在共同做大营收方面有交集,国企的融资优势、政策优势等和民企的市场优势、运营优势等相互叠加和互补,产生全新的能量。

近年来,奇创旅游集团、乡伴文旅集团等一批深耕旅游目的地的民营旅游企业,发挥在前期策划规划设计、中期招商引资或自有 IP 品牌输出、后期项目运营或渠道送客的优势能力,纷纷以规划—投资—建设—运营、融资—规划—投资—建设—运营、规划—投资—建设—招商—运营等合作模式,与地方政府或国有旅游企业集团合作,共同投资开发运营旅游项目。以奇创旅游集团与湖北红安县人民政府的全域旅游投资运营合作为例,经红安县人民政府独家授权,红安县旅游投资开发有限公司(国有旅游平台公司)作为资源开发商和项目投资商,奇创旅游集团作为智力服务商和项目运营商来共同投资开发运营旅游项目。

2022 年,新冠肺炎疫情在国内大范围爆发、大规模流行的可能性依然存在,但概率下降,2021 年年底已基本"触底"的旅游业,2022 年"触底反弹"的可能性大大增加。如何把可能性转化为可行性,需要政府、行业、企业、个人各方共同努力。

中国抗击新冠肺炎疫情是一场"持久战",但已经从战略防御阶段转入战略相持阶段,中国作为全球第一大国内旅游市场的基本面没有变,一旦疫情得到阶段控制、旅游限制政策逐步放开,国内旅游局部复苏必将快速到来,国内旅游全面复苏值得期待。

(原文发表于 2021 年 3 月 19 日《中国文化报》)

# "出境旅游国内化"或许会成为新常态

新冠肺炎疫情到底什么时候结束？2022年是更困难的一年，还是将守得云开见月明？这个问题可能会萦绕在每个人的心头，对于身处旅游行业的从业者来说，更是判断未来形势不可回避的问题。

中国主题公园研究院副院长、上海市创意产业协会创意旅游专委会主任、景域驴妈妈集团副总裁任国才在接受《人民政协报》记者采访时表示，经过严峻的磨砺，我们有了更坚韧的品质，从而更加不惧未来风雨，也许复苏路还很漫长，但2022年的中国旅游业有望反弹值得期待。

在任国才看来，新冠肺炎疫情依然呈现出多点散发的特点，旅游业确实面临不小困境。但从2019年数据来看，中国出境游客人数达到1.55亿人次，出境旅游消费高达2万亿元，当这部分需求"出口转内销"后，可以预测国内游将迎来超级"内循环"，被压制的"刚性"旅游需求在疫情控制后有望迎来井喷。

"出境旅游国内化"或许会成为新常态。为此，任国才判断，"双万城市"（"双万城市"指的是城市GDP超过1万亿元，城市常住人口超过1000万）将在疫情控制后率先迎来旅游复苏。据2021年最新统计数据，中国"万亿俱乐部"城市已达到24个，城市常住人口超过1000万的城市达到15个，两者叠加的15个"双万城市"将成为我国最有旅游消费能力、出游需求最旺盛的客源城市。而这些"双万城市"的市区内以及近郊区是"常疫情时代"（限制跨省或跨市流动）的红利获得者，并将率先在疫情控制后迎来旅游复苏乃至大幅反弹。

任国才举例说，疫情之前上海市民近郊出游优选浙江的杭州、湖州等地，由于"出省游""出市游"限制，上海市民出游首选依然是保留田园风貌和乡村风情的崇明区，加上第十届中国花博会在崇明举办进一步提升了崇明休闲旅游吸引力，2021年崇明区游客接待量和旅游综合收入创历史新高。

科技改变生活，在新冠肺炎疫情下，我们更加感受到了科技为我们带来的改变和可能。任国才表示，"科技＋文旅"将会有更大的发展空间，旅游产品迭代更新速度也会更快。其中，一批标杆性的"科技＋文旅"项目都在不同场景落地，金东出品的《微梦大梁门》、励丰出品的《姑苏八点半》、博涛出品的360极限飞球、良业出品的《塘河夜画》等。"这些都为我们树立了传统文化活化的样板和科技文旅融合的标杆。这些旅游业界前所未有的新场景、新业态、新产品、新服务，也给游客带来沉浸式的全新体验，也在以市场的力量推动旅游产品迭代更新和旅游产业升级换代。"任国才说。

可见，2022年，科技渗透到传统旅游的趋势已不可阻挡，"科技＋旅游"也将成为传统旅游提升发展的必由之路。"无论从政策导向还是市场需求，无论从旅游业提升还是目的地发展，都在呼唤科技进一步赋能传统旅游。而在国家经济的强有力支撑下，以及防疫的努力下，旅游行业自身的转型升级加快，我们相信，也可预见，2022年，会更好。"任国才最后说。

（原文发表于2022年3月26日《人民政协报》，记者：孙琳）

# 从法国旅游业的复苏谋划中国旅游业的恢复

　　法国是世界第一大旅游目的地国家,2005 年起入境游客数量连续十多年排名世界第一,法国经济部和国家统计与经济研究所(INSEE)数据显示,疫情前的 2019 年,法国入境游客数量达到 9000 万人次,旅游经济收入达到 580 亿欧元(排名世界第三),约占国内生产总值的 8 ％,旅游业就业人口占法国就业人口的 9.5％,提供超过 200 万个就业岗位(从 2004 年起,旅游业一直是法国就业的首要领域),旅游业是法国重要的支柱产业。

## 一、疫情对法国旅游业的影响

　　2020 年 3 月,新冠肺炎疫情在法国爆发,3—5 月,全国实施严格的疫情防控政策,旅游业全面停止。

　　2021 年 6 月 9 日起,法国重新开放边境,疫情防控政策逐步放开,旅游禁令取消,国内旅游开始复苏。

　　2021 年 7 月,取消了对已接种欧洲药品管理局认可的完整疫苗接种计划的国际旅行者的限制,旅游业恢复到疫情前的 80％左右。

　　2021 年 12 月,奥密克戎在法国爆发,法国多数餐馆和旅游景区封闭。

2022 年 1 月，由于奥密克戎传播快、症状轻、死亡率很低，法国的疫情管控政策逐步放开，旅游企业员工只要接种过疫苗就可以正常营业，游客可以自由旅游，但餐厅、博物馆、影剧院等室内场所需要凭疫苗接种证明入内。

2022 年 3 月，法国对国内旅游、出境旅游、入境旅游全面放开，并取消疫苗接种证明。国内旅游人次和来自欧洲大陆的入境游客数量已经完全恢复到疫情前水平；远程旅游市场中，来自美国、日本、韩国的入境游客在恢复中，只有来自中国的入境游客市场还没有启动。

## 二、法国的入境旅游管控政策

2021 年 10 月，法国政府网站更新了国家颜色代码分类，法国把国际旅游客源国分为绿色、橙色、红色区域，针对不同区域的游客采取不同的入境管控政策。

● 来自绿色国家的入境游客，只要注射过疫苗，不用核酸检测，就可以入境。

● 来自橙色国家的入境游客，除了注射过疫苗，还需要核酸检测报告，才可以入境。

● 针对红色国家的游客，入境旅游暂时不放开。2022 年 2 月 12 日开始，已没有国家被列入"红色"名单。

绿色、橙色、红色区域的划分，根据客源国的疫情情况动态调整。

## 三、法国的旅游纾困解难政策

因为旅游业对经济和就业的重大作用，疫情爆发对旅游业造成重大冲击后,法国政府快速出台了针对旅游业的纾困解难政策,主要有以下几种。

## 1. 政府补贴

针对疫情期间的旅游失业人群,政府实施部分失业政策(企业不解除员工劳动关系),由劳动部向企业发放员工薪资补助,为净工资的84%,2021年7月开始,部分失业薪资补助降至72%;针对旅游微型企业(TPE)免除社会分摊金,允许困难企业延迟缴纳公司税、工资税、增值税以及企业地产税。

2022年,考虑到疫情的长期影响,政府向能够证明营业额较疫情前下降至少80%的企业推出长期部分失业政策(APLD),企业可以拿到100%的员工薪资补助。该政策目标为减少裁员、保存企业实力,给予员工更多关注(APLD政策目前仍然适用于部分困难旅游企业)。

## 2. 团结基金

由国家和大区设立的团结基金,主要针对小微企业和自由职业者,每月直接发放补贴,根据企业经营收入不同发放的补贴金额也不等。

## 3. 优惠贷款

由政府担保,银行给经营业绩和信用良好的旅游企业提供低息甚至免息贷款,为旅游企业紧急"输血",保证旅游企业的现金流。

政府出台纾困扶持政策的目的:一是稳定人心,保证旅游从业人员对旅游业的信心;二是稳定队伍,保证疫情控制后旅游企业和旅游人员可以尽快复工复产。

## 四、对中国旅游的借鉴和政策建议

持续两年多的新冠肺炎疫情，让旅游业元气大伤，很多旅游企业已经停业或破产，很多旅游从业者已经失业或转行。"2020 年，撑下去；2021 年，熬下去；2022 年，活下去。"是疫情后旅游企业最真实的写照。2022 年 1—4 月，疫情在深圳、上海、广州、北京相继爆发，全国多个省份也出现疫情反复，绝大多数省份出台"跨省游""跨市游"甚至"市内游"的禁令，中国旅游业跌入了前所未有的"冰封期"，很多旅游企业正处于生死存亡的边缘。如果政府再不紧急"抢救"，绝大多数旅游企业将过不了 2022 年，中国旅游产业的基石将发生动摇乃至倒塌。

借鉴参考法国政府对旅游企业的纾困解难政策和救助措施，同时，充分考虑中国的国情和中国旅游业的实际，建议中央及地方政府以及文旅部门对政策和措施进行调整优化。

### 1. 及时有效的企业纾困解难政策

地方政府和相关部门需要针对旅游企业和旅游从业人员最大的痛点，快速出台有力度、有实效、有获得感的旅游纾困解难政策：第一，发放旅游从业人员失业补贴，稳住旅游人心；第二，旅游从业人员疫情期间免交社保，停止从企业"抽血"；第三，（由政府出面担保）银行给良好信用的旅游企业提供低息贷款，紧急给旅游企业"输血"。纾困解难政策应该实现旅游产业链全覆盖，能够普惠到旅游及产业链相关企业，包括餐馆、酒店、景区、车船公司、航空公司、会展企业等。

### 2. 全国统一的流动防控管控政策

在国家推广普及全民接种疫苗和加强针的基础上，国家相关部门应牵头建立和制定全国统一的、(不同省份、不同城市)相互认可的疫情管控标准和疫情防控政策,各个省份和城市根据疫情情况动态官方发布风险等级(即低风险、中风险、高风险区域),在严格管控高风险和中风险区域前提下,允许低风险区域内部、低风险区域之间进行人员自由流动和旅游活动。

## 3. 精准高效的流动防控技术措施

加快数字技术的应用和疫情数据的共享,在全国推广手机"四码一屏"显示,即健康码、疫苗接种情况、核酸检测结果和行程卡信息同时在手机上显示,实现人们日常通行和防疫核验"只扫一次",提高交通出行核验效率。在管控好中高风险区域人群前提下,保障铁路、公路、航空、轨交等交通工具的畅通,对于低风险区域内部、低风险区域之间的人员流动和旅游活动,不能简单进行"一刀切"的"跨省游、跨市游熔断",更不应"层层加码"强行阻止人员流动,避免把中央确定的疫情管控政策"扩大化"。

(原文发表于 2022 年 4 月 29 日《执惠》)

# 后　记

　　1616 年 2 月,29 岁的徐霞客第一次游览黄山,踏雪寻径、凿冰开路,用六天时间游览黄山前后诸山;1618 年 9 月,31 岁的徐霞客第二次游览黄山,克服重重困难登顶天都峰和莲花峰。徐霞客赞叹:"薄海内外之名山,无如徽之黄山。登黄山,天下无山,观止矣!"被后人引申为"五岳归来不看山,黄山归来不看岳"。1979 年 7 月,75 岁高龄的邓小平徒步攀登黄山,用了三天的时间游览前山后山,游览后说了一句意味深长的话:"黄山这一课,证明我完全合格。"2022 年 6 月 11 日,应中国旅游"第一股"——黄山旅游发展股份公司章德辉董事长的邀请,笔者到黄山景区考察调研旅游复苏情况,追寻徐霞客和邓小平的足迹,登顶黄山最高峰莲花峰。

　　遥想 400 多年前的"游圣",在没有任何现代交通工具的情况下,冒着生命危险攀登黄山,边旅行边观察边研究,提出了"莲花峰是黄山最高峰"的科学论断,留下了《游黄山日记》等重要文章。再看 40 多年前的"邓公",面对严峻复杂的国际国内环境,高瞻远瞩地提出"改革开放"的战略决策,在连续 3 天徒步考察黄山后,留下被称为"中国旅游改革开放宣言"的"黄山谈话",提出了"黄山是发展旅游的好地方""要有点雄心壮志,把黄山的牌子打出去"的重要指示,并对黄山的配套设施、服务质量、物产开发、商品定价、员工薪酬等提出了诸多意见和建议。黄山旅游 40 多年快速发展以及黄山创造的多个"第一"或"唯一"（首批国家级重点风景名胜区、首批世界地质公园、首批国家 5A 级旅游景区、中国旅游"第一股"等等），与他的指示和指导密不可分。"游圣"和"邓公"不但给黄山人留下了巨大的品牌资产，也给旅游人留下了宝贵的精神财富：信念、勇气、乐观、坚毅。

2020 年 1 月至 2022 年 5 月，中国旅游业遭受了新冠肺炎疫情的巨大冲击和深刻影响，黄山景区以及黄山旅游股份公司与中国广大旅游企业一样，经历了重大挫折和巨大损失。面对抗击疫情和旅游复苏道路上的诸多艰难险阻，我在考察中发现，上至董事长、下至基层员工，都像黄山松一样坚忍不拔，坚信一定能够渡过难关。有感而发，赋诗一首。

咏黄山

徐圣而立攀绝顶，

邓公古稀登黄山。

前行道路阻且险，

坚韧不拔渡难关。

从 3 月 14 日上海居住小区被封控，到 5 月 4 日"逃离"上海到安徽合肥隔离，加上在合肥酒店隔离 10 天，我在疫情中整整被隔离了 61 天。"生命诚可贵，爱情价更高。若为自由故，两者皆可抛。"亲身经历过疫情封控之后，我对封控的负面影响有更切身的体会，也更加意识到自由对于旅游的重要性。5 月 14 日解除隔离后，我启动了"报复性出差"，加快推进企业复工复产，短短一个半月时间，我先后去了安徽、江西、四川、湖北、浙江等省份考察调研，截至 6 月底，到达了中国第 292 个地市州、1134 个区县市，距离 2030 年走遍中国每一个地市州、2050 年走遍中国每一个区县市又接近了一步。

2022 年 5 月 31 日,文化和旅游部办公厅发布《关于加强疫情防控科学精准实施跨省旅游"熔断"机制的通知》。《通知》最大的变化,将"跨省游熔断机制",由"省级熔断"精准调整为"县级熔断"。该《通知》的出台,将旅游流动的限制面,从省(自治区、直辖市)缩小和聚焦到县(区、市),贯彻落实了中央提出的"精准防控"要求,为旅游企业的复工复产提供了精准政策保障。2022 年 6 月 28 日,国务院联防联控机制发布第九版新冠肺炎防控方案。其中,密切接触者、入境人员隔离管控时间从"14 天集中隔离医学观察＋7 天居家健康监测"调整为"7 天集中隔离医学观察＋3 天居家健康监测";密接的密接管控措施从"7 天集中隔离医学观察"调整为"7 天居家隔离医学观察"。2022 年 6 月 29 日,工信部发布最新消息,从即日起取消通信行程卡"星号"标记。这是在"外防输入、内防反弹"总策略和"动态清零"总方针上,高效统筹疫情防控和经济社会发展的最新举措。

旅游产业生存和发展的基础是游客的流动。没有游客的流动,旅游产业链上的各类企业都将深受影响,即使政策允许旅游企业复工复产,旅游企业也会因为缺少服务的游客而难以为继。对旅游业的"纾困帮扶",旅游业能否复苏和反弹,最最重要的是给游客流动"松绑",让游客"安全地流动起来",旅游产业链上的各类旅游企业才能有业务、有生意、有活路。在严格管控高风险和中风险区域前提下,允许低风险区域内部、低风险区域之间进行人员流动和旅游活动,将会大大便利人员流动,非常有利于旅游复苏。

2022 年暑期,是文旅企业恢复的黄金期,也是文旅产业振兴的关键期。在暑假到来前夕,文化和旅游部办公厅发布《关于加强疫情防控科学精准实施跨省旅游"熔断"机制的通知》,国务院联防联控机制发布第九版新冠肺炎防控方案,工信部取消通信行程卡"星号"标记,是对人员流动的"重大松绑",顺应民意,恰逢其时,对全国文旅市场复苏也是重大利好。旅游市场对以上重大消息快速做出反应,携程、同程、去哪儿、驴妈妈等 OTA 平台上,机票、景区、酒店的搜索量迅速上升,北京、上海周边的旅游目的地,中高端酒店、民宿的预订量也明显增加,多家文旅上市公司的股价出现明显攀升。只要疫情不反弹不蔓延,相信暑期旅游将迎来久违的火爆,旅游复苏的"夏天"真的要到来了,旅游发展未来可期!

磨难成就人生。本书能够在 2022 年出版,首先要"感谢"的是疫情和封控。在新冠肺炎疫情之前,由于企业事务的需要和旅行工作的特点,我每年在外出差的时间达到两百多天,每年乘坐飞机的次数达到百来次,每周可自由支配的时间很少,而能够静下心来写作的时间更少。而要完成一本书的写作和整理,起码需要用几年碎片化的时间。2022年 3 月 14 日起,不能出差、不能去公司、不能见客户,何时解封遥遥无期,是被动等待,还是抱怨焦虑?"天行健,君子以自强不息。"我决定利用这"从天而降"的大块时间,深入思考和总结旅游业的过去和现在,深度研究和展望旅游业的未来,为疫情后旅游复苏做好思想上的准备。于是,我将 2020 年 1 月以来发表过的文章、写作的初稿进行汇总整理,并全新思考创作了中国旅游发展展望、国际旅游复苏的借鉴、出境旅游国内化等方面的文章(其中,《2022 年中国旅游发展展望:抓住新机遇 寻找新动能》在 2022 年 3 月 19 日《中国文化报》头版头条刊登),从而形成了本书文稿。

衷心感谢王兴斌教授、杜一力会长、陈妙林会长、姚军会长、干永福主席、德村志成教授等业界著名专家和企业家对本书的肯定和推荐,他们对旅游的热爱、对未来的远见、对事业的执着、对未知的拥抱、对独立的坚持,让我钦佩让我敬仰,给了我前进的动力和努力的方向,他们是我人生学习的榜样。感谢景域驴妈妈集团洪清华董事长对我的关爱和支持,感谢集团为我提供了学习成长的平台和施展才能的机会。感谢旅游百人会各位理事和众多百友对本书出版的鼓励和支持，特别要对为本书写作提供案例素材调研以及出版赞助支持的以下百友表示衷心感谢：上海季高集团创始人李慧华、北京执惠集团创始人刘照慧、山东金东数创创始人周安斌、大连博涛文化联合创始人齐征、浙江横店影视城公司董事长桑小庆、浙江深大智能集团创始人汪早荣、浙江千岛湖"鱼儿的家"民宿创始人余爱君、广州大浪集团董事长何志雄、上海爱驾传媒创始人李克崎、苏州市文广旅局副局长陆锋、河南栾川县委宣传部部长孙欣欣、中国主题公园研究院院长林焕杰、华东师范大学吴文智教授等。

此外，特别感谢浙江大学旅游学院、中山大学旅游学院、南开大学MTA教育中心、华东师范大学工商管理学院、海南大学旅游学院、江西财经大学旅游与城市管理学院、山西大学历史文化学院、浙大城市学院国际文化旅游学院、浙江旅游职业学院、长春大学旅游学院等旅游院校和科研机构为我提供了学习交流、专业研究、讲座分享、指导学生的机会，从而实现了旅游实践与理论研究的相互促进、企业实践与院校科研的相互赋能。

特别感谢母校浙江大学区域协调发展研究中心孟东军教授对本书出版的资助，并把本书列入浙江大学区域协调发展研究丛书。感谢浙江大学出版社陈佩钰编辑对本书的细致编辑和专业把关。

最后，衷心感谢我的爸爸妈妈、岳父岳母、大姐二姐、导师们对我的关心、包容和支持。特别要感谢在疫情封控中为全家人费心操劳的妻子张静老师，你一方面要统筹安排学校里繁重的网络教学工作，另一方面要负责全家人的一日三餐和生活起居，得以让全家人顺利度过上海疫情的难关。表扬懂事的大儿子任京阳，贯彻执行我们共同商议确定的"自信、自律、自强"六字方针，实现了高中学习成绩的稳步上升。表扬可爱的小儿子张威廉，在保证学校文化课优秀的同时，坚持艺术专业的学习和体能素质的锻炼，艺术水平快速提高，身体也变得结实强壮。本书是我送给你们兄弟俩的特别礼物,希望能够给你们树立一个榜样和目标,我相信你们一定能长江后浪推前浪,茁壮成长为国家和社会发展需要的栋梁之材。

任国才

2022 年 7 月 1 日